Recuperación en Cristo

Hay esperanza en la adicción y es real.

"Yo soy el Señor, Dios de todos los
pueblos del mundo. ¿Hay algo
demasiado difícil para mí?"
- Jeremías 32:27 NTV

Bruce Stanley

Traducido por: Ralph Dowker

WESTBOW
P R E S S®
A DIVISION OF THOMAS NELSON
& ZONDERVAN

Puede hacer pedidos de libros de WestBow Press en librerías o poniéndose en contacto con:

WestBow Press
A Division of Thomas Nelson & Zondervan
1663 Liberty Drive
Bloomington, IN 47403
www.westbowpress.com
844-714-3454

Credito por Imagenes Interior: Alana Stanley

ISBN: 978-1-6642-1995-3 (tapa blanda)
ISBN: 978-1-6642-1994-6 (libro electrónico)

Información sobre impresión disponible en la última página.

Fecha de revisión de WestBow Press: 02/16/2021

Contenido:

Una Base De Crecimiento

Bienvenido a Lost & Found, recuperación en Cristo. Este es un viaje bíblico de recuperación para aquellos que han sufrido o siguen sufriendo adicciones. A través de la misericordia y el amor de Jesucristo, podemos conquistar el deseo de usar drogas y alcohol como un escape de nuestras vidas rotas. Todo lo que se pide es que seas honesto contigo mismo, con los demás y con Dios. Esta es la primera decisión para su recuperación centrada en Cristo.

Este programa es el resultado de mi propia recuperación y de cómo Dios me llevó a Su verdad a perseverar.

Problemas de adicción no son una sorpresa para Dios y su palabra describe claramente cómo debemos recuperarnos de nuestras vidas rotas, crecer y soportar.

Después de tres décadas de instituciones, cárceles, consejeros y programas de doce pasos, no podía dejar de recaer. Comencé a buscar a Dios, pero nunca pude entregarme completamente a Su control de mi vida. Continuando caminando a ambos lados de la cerca, el camino del mundo y el camino de Dios, me encontré boca abajo en una zanja en medio de la noche y bajo la lluvia torrencial, sin saber cómo llegué allí ni dónde estaba.

Ese día, 12-12-12, fue el último día que volví a consumir drogas o alcohol.

Creo que fue la mano de Dios que me rescató esa noche y Él me estaba mostrando qur vivir el camino del mundo y el camino de Dios sería peor que no creer en absoluto. Más tarde encontré un

''Conozco tus obras; sé que no eres ni frío ni caliente. ¡Ojalá fueras lo uno o lo otro! 'Por tanto, como no eres ni frío ni caliente, sino tibio, estoy por vomitarte de mi boca." (Apocalipsis 3:15-16 NTV)

Había llegado a un punto de rendición y le di todo lo que me quedaba a Jesús. Lo sentí decir: "Confía en mí" y ahí es donde empecé. Me di dos reglas: confiar en la Palabra de Dios y confiar en las personas que Él pondría en mi vida.

Al principio de mi búsqueda del conocimiento de Dios, Su Espíritu me llevó a un pasaje que se convirtió en los principios sobre los que se basa este programa. Creo que así es como se espera que cualquier persona que ha creído en Cristo crezca y aguante. Muchos de nosotros que venimos a Cristo nunca superamos la introducción de nuestra salvación y, por lo tanto, no crecemos en nuestra fe ni ganamos la fuerza de Dios para continuar luchando contra el mundo y nuestros propios deseos. A través de estos siete principios descritos en 2 Pedro 1: 3-11, Dios ha revelado, y continúa a través de la Biblia, cómo este es un camino claro hacia la recuperación.

Espero que entiendan la importancia de la gracia salvadora de Cristo para la curación. Oro para que desarrolles una relación sincera con Él para alejarte de la oscuridad de tu vida, hacia Su luz de salvación, liberarte de la adicción y los comportamientos y actitudes perjudiciales que se derivan de ella.

Recuperación en Cristo

Siete Principios

Un llamado bíblico

Dios está llamando a redimirte de tu quebrantamiento. Ríndete y confía en Él, Él puede y te rescatará, dándote libertad a través de Jesucristo. Es bíblico.

Esta es la base de nuestro programa los SIETE PRINCIPIOS

"Su poder divino nos ha dado todo lo que necesitamos para una vida santa a través de nuestro conocimiento de aquel que nos llamó por Su propia gloria y bondad. A través de estos, nos ha dado sus grandes y preciosas promesas, para que a través de ellas puedas participar en la naturaleza divina, escapando de la corrupción en el mundo causada por los malos deseos.

[Por esta misma razón, haga todo lo posible para agregar a su fe bondad; y a la bondad, conocimiento y al conocimiento, autocontrol y al autocontrol, perseverancia y la perseverancia, piedad y la piedad, afecto mutuo; y al afecto mutuo, amor;]

Porque si posees estas cualidades en medida creciente, evitarás que seas ineficaz e improductivo en tu conocimiento de nuestro Señor Jesucristo. Pero quien no los tiene es miope y ciego, olvidando que han sido limpiados de sus pecados pasados

"Por lo tanto, hermanos y hermanas, esfuércense más todavía por asegurarse del llamado de Dios, que fue quien los eligió. Si hacen estas cosas, no caerán jamás, y se les abrirán de par en par las puertas del reino eterno de nuestro Señor y Salvador Jesucristo." (2 Pedro 1: 10-11 NVI)

Principio 1, deseo de bondad

Eliminar el viejo yo y buscar un nuevo yo y una mejor forma de vida. Esto comienza con ser honestos con nosotros mismos (estamos perdidos) y entregar el control de nuestra vida al amor de Jesucristo (una necesidad que se debe encontrar).

"'Por la gracia que se me ha dado, les digo a todos ustedes: Nadie tenga un concepto de sí más alto que el que debe tener, sino más bien piense de sí mismo con moderación, según la medida de fe que Dios le haya dado." (Romanos 12: 3 NVI)

'Bienaventurados los que tienen hambre y sed de justicia, porque ellos serán saciados.' (Mateo 5:6 NTV)

Principio 2, Deseo de conocimiento y sabiduría

Buscar la palabra de Dios revela una comprensión del propio carácter de Dios, su sabiduría, los testimonios de los muchos que han vivido en la fe antes que nosotros, y determinará cómo discernimos la verdad de las mentiras de este mundo. Tendremos que crecer en nuestro conocimiento de Dios y su sabiduría para ser lo suficientemente fuertes como para resistir las tentaciones causadas por la corrupción maligna que nos rodea. Dios nos llama a ponernos nuestra armadura completa de Dios en nuestra nueva postura de verdad. Comprender cómo Dios se revela en las Escrituras también nos ayudará a acercarnos más a Él y a recibir más de Su gloria, el verdadero gozo en esta vida y en el futuro.

'Luego agregó: «Hijo de hombre, que todas mis palabras penetren primero en lo profundo de tu corazón. Escúchalas atentamente para tu propio bien.' (Ezequiel 3:10 NTV)

'Ustedes aman a Jesucristo a pesar de que nunca lo han visto. Aunque ahora no lo ven, confían en él y se gozan con una alegría gloriosa e indescriptible. La recompensa por confiar en él será la salvación de sus almas.' (1 Pedro 1:8-9 NTV)

Principio 3, Buscando autocontrol / integridad

E. ste es un territorio nuevo para nosotros. Ser capaces de controlar nuestrosdeseos de dañarnos a nosotros mismos y a los demás es algo que nunca podríamos hacer por nuestra cuenta. Una vez que tengamos fe y confianza en Jesucristo para eliminar nuestros malos deseos, podemos construir confianza en que, con su poder, podamos lograr cierto nivel de consistencia. El progreso no la perfección es la clave.

"'Así que sométanse a Dios. Resistan al diablo, y él huirá de ustedes.' (Santiago 4:7 NVI)

"'enseñándonos que, renunciando a la impiedad y a los deseos mundanos, vivamos en este siglo sobria, justa y piadosamente,' (Tito 2:12 NTV)

Principio 4, Triunfar a través de la resistencia

La perseverancia y la determinación son fruto de la resistencia. Comenzaremos a ver la renovación de la transformación redentora a través de Jesús en nuestras vidas y en quienes nos rodean. Ha ocurrido un renacimiento y es a través de confiar en el poder de Jesús que podemos ver una vida mejor para nosotros en el futuro. Para muchos de nosotros, nunca podríamos haber soñado que nos liberaríamos de la esclavitud de la adicción y el sufrimiento.

"'Cuídense de esos «perros», de esa gente que hace lo malo, esos mutiladores que les dicen que deben circuncidarse para ser salvos. No, amados hermanos, no lo he logrado, pero me concento únicamente en esto: olvido el pasado y fijo la mirada en lo que tengo por delante, y así avanzo hasta llegar al final de la carrera para recibir el premio celestial al cual Dios nos llama por medio de Cristo Jesús.' (Filipenses 3:2,13-14 NTV)

Principio 5, Obtener la paz en Jesucristo: buscar una vida de piedad.

Habrá un día en que tendremos paz con nuestro pasado y no tendremos miedo al presente ni al futuro. Esta es la "paz" que Jesús nos promete si confiamos en Él. La verdadera paz proviene del conocimiento de quién es Dios y lo que Él dice acerca de quiénes somos, ahora cubiertos en la sangre de Cristo. ¿Cometeremos errores? Si. Nadie es perfecto. Pero tenemos la perfección en Cristo que ha pagado el precio de nuestras imperfecciones de una vez por todas. Ya no necesitamos cargar con nuestra culpa y vergüenza. Tendremos nuevos deseos, eliminando los viejos, y continuaremos creciendo en nuestro conocimiento de nuestro Señor y comenzaremos a vernos como Dios lo hace: perfecto.

"'La paz les dejo; mi paz les doy. Yo no se la doy a ustedes como la da el mundo. No se angustien ni se acobarden.' (Juan 14:27 NVI)

"acerquémonos con corazón sincero, en plena certidumbre de fe, purificados los corazones de mala conciencia, y lavados los cuerpos con agua pura.' (Hebreos 10:22 NTV)

Principio 6, Amar a los demás: una relación horizontal.

Vivir una vida como la de Cristo afectará la forma en que tratamos con los demás. Habiendo obtenido nuestros nuevos frutos del Espíritu, que son amor, gozo, paz, tolerancia, bondad, fidelidad, gentileza y dominio propio (Gálatas 5: 22-23), comenzaremos a ver cómo tratamos a los demás de manera diferente y cómo nos tratarán a cambio. También comenzaremos a cuidar el bienestar de los demás. Servir se convertirá en nuestro nuevo deseo y buscaremos oportunidades para ayudar a aquellos que todavía están luchando. Serviremos como líderes y valoraremos la vida de todas las personas, sin importar género, edad, raza, etnia o diversidad cultural.

"'No te vengarás, ni guardarás rencor a los hijos de tu pueblo, sino amarás a tu prójimo como a ti mismo. Yo Jehová.' (Levítico 19:18 NTV)

"'Nadie tiene mayor amor que este, que uno ponga su vida por sus amigos. '(Juan 15:13 RVR)

Principio 7, Amando a Dios: una relación vertical

Estamos llamados a amar a Dios con todo nuestro corazón, toda nuestra alma y toda nuestra mente. Nuestro propio testimonio de redención y renovación del Espíritu es una prueba del amor de Dios por nosotros. Dios, el Padre, nos ama lo suficiente como para nunca dejarnos, para llevarnos y protegernos. Puede que no hayamos tenido un padre terrenal perfecto, pero sí tenemos un Padre celestial perfecto. Su único deseo es que lo amemos, le demos el reconocimiento como el creador de toda la vida y le confiemos nuestras vidas. Como nos ha dado tanto, la muerte de su único hijo Jesucristo, para que podamos tener una relación con él, ¿cómo no podemos amarlo tanto?

'Pero la gracia de nuestro Señor fue más abundante con la fe y el amor que es en Cristo Jesús.' (1 Timoteo 1:14 NTV)

'Mirad cuál amor nos ha dado el Padre, para que seamos llamados hijos de Dios; por esto el mundo no nos conoce, porque no le conoció a él. '(1 Juan 3:1 NTV)

¿estás roto?

JESUSCRISTO SE HIZO HUMANO Y ENTIENDE NUESTRO SUFRIMINTO

Por esta misma razón, haga todo lo posible para aumentar su fe ❶ bondad; y a la bondad, ❷ conocimiento y al conocimiento, ❸ autocontrol y autocontrol, ❹ perseverancia y perseverancia, ❺ piedad y a la piedad, ❻ afecto mutuo; y al afecto mutuo, ❼ amor.

Promesas de Dios para nosotros que no se pueden romper!

7

Lavados por la sangre de Jesucristo, somos perdonados y bajo su cuidado.

CÓMO AMAMOS A DIOS

ADORACIÓN

1 Deseo de bondad, cambio y una vida mejor

2 Deseo de la sabiduría para vivir una vida mejor

6 AMOR POR LOS DEMAS

ADORACIÓN

PAZ EN JESUCRISTO 5 PAZ EN JESUCRISTO

HORIZONTAL

6 AMOR POR LOS DEMAS

3 Deseo de integridad constante a través del autocontrol

VERTICAL

4 Deseo de resistencia y disposición para triunfar

CÓMO DIOS NOS AMA

UN ESPÍRITU DE PODER
UN ESPÍRITU DE LIBERTAD

★

Libro de trabajo

Cómo usar el libro de trabajo

Este libro de trabajo proporciona la comprensión de cada uno de los siete principios esbozados por el apóstol Pedro al analizar cómo, a través de las Escrituras y los comentarios relacionales, debemos aplicar la sabiduría de Dios en nuestras vidas para reclamar la victoria sobre lo que está obstaculizando nuestro crecimiento.

Cada lección contiene componentes similares que apuntan específicamente a nuestra falta de comprensión, duda y temor, luego, después de una reflexión personal, brinda una guía clara para aplicar el conocimiento de Dios en nuestras vidas.

Aquí hay un desglose de cada componente dentro de la lección principal:

1. **Introducción de principios y comprensión básica**
   - un breve objetivo para la memoria
2. **Escritura que apoya el principio**
   - debemos alinear toda la palabra de Dios para claridad y verdad
3. **Lección principal**
   - como vamos a crecer
4. **Palabra clave y definición**
   - la palabra de acción de fe del principio y su significado
5. **Herramientas clave**
   - aplicación práctica del principio en nuestra vida
6. **Estudiar**
   - reflexión personal y comprensión del principio
7. **Principios en revisión**
   - un reflejo de donde hemos crecido
8. **Teoría gráfica**
   - gráfico visual de cuando nos movemos con y lejos de Dios

PRINCIPIO 1
Un deseo de bondad

La "bondad" que buscamos ya está plantada dentro de nosotros. Dios nos creó con el deseo de esto. Eliminar el viejo yo, buscar un nuevo yo y una mejor forma de vida, comienza siendo honestos con nosotros mismos (estamos perdidos) y entregando el control de nuestra vida al amor de Jesucristo (una necesidad que se debe encontrar).

SAGRADA ESCRITURA:

"'Entonces Jesús dijo a sus discípulos: Si alguno quiere venir en pos de mí, niéguese a sí mismo, y tome su cruz, y sígame. Porque todo el que quiera salvar su vida, la perderá; y todo el que pierda su vida por causa de mí, la hallará." (Mateo 16:24-25 NTV)

Cómo comienza todo

"Cuando yo era niño, hablaba como niño, pensaba como niño, razonaba como niño; cuando llegué a ser adulto, dejé atrás las cosas de niño. "(1 Corintios 13:11 NVI) – ¡Guauu! ¿No sería genial si eso realmente nos hubiera pasado? La parte triste es que la mayoría de nosotros ni siquiera nos damos cuenta de que nunca hemos crecido. Sí, ahora somos adultos, pero todavía nos comportamos como niños y, por lo tanto, estamos perdidos en un mundo que es demasiado exigente. La adicción puede basarse en muchas cosas, desde el abuso, el trauma, el deseo egoísta, y la lista continúa. Cuando llegamos a un punto en el que la vida no funciona por nuestra cuenta, es decir, la forma en que hemos estado tratando de controlarla, debemos admitir que estamos perdidos sin la gracia de Dios.

Imagina estar realmente perdido en medio del desierto. Has intentado una y otra vez encontrar el camino de regreso a casa, pero has fallado. De repente, aparece un viajero y dice que conoce el camino a casa. ¿Cómo responderías? ¿Confiarías en que él te llevará de forma segura a tu destino, o tratarás de controlar el resultado insertando tus propias opiniones sobre cómo llegarás allí? Como este viajero conoce el camino, ¿por qué no confiar en él? ¿O continuarás insistiendo en discutir por qué sabes mejor? Recuerda, estabas perdido cuando estabas solo, tus mejores esfuerzos para encontrar el camino fallaron.

¡Este escenario es una analogía de estar "perdido y encontrado" y el viajero es Jesús! Para entender de lo que realmente estamos hablando, definamos esto en términos de esperanza y desesperanza. Las primeras palabras de Jesús pronunciadas al comienzo de su ministerio, que se encuentran en el libro de Juan, "¿qué buscas?" y "ven a ver" fueron preguntas y respuestas a los hombres que curiosamente lo seguían después de que Juan anunciara que era el hijo de Dios. Me parece sorprendente que Jesús nos muestre nuestros verdaderos deseos. Lo que queremos y dónde podemos conseguirlo. Empieza aquí.

PERDIDO – separado de Dios

"Jesús describió el proceso de" morir a sí mismo "("negarse a sí mismo") como parte de seguirlo. Luego continuó diciendo que morir para uno mismo es en realidad positivo, no negativo. Al morir a la vida propia, descubrimos una "vida abundante" al depender de Dios, quien proporciona mucho más de lo que podemos imaginar. Entonces, cuando nos morimos a nosotros mismos, dejamos de lado "nuestros deseos y, en cambio, nos enfocamos en amar a Dios y valorar a los demás tanto como nos valoramos a nosotros mismos" (Mt 22: 37-39). Esto nos aleja de la ""autocomplacencia" y está más abierto a ser un seguidor de Cristo que se preocupa profundamente por los demás". - Un resumen de la doctrina "Morir a sí mismo" por el Dr. D. W. Ekstrand

Esto se refiere al estado de incertidumbre emocional. Nuestra esperanza de algo mejor que lo que este mundo ya nos ha ofrecido debe ser reevaluada. Seamos sinceros, no estaríamos aquí buscando respuestas a nuestras circunstancias si no sintiéramos que nos estamos quedando sin esperanza. Entonces, ¿cómo definimos "esperanza"?

Comencemos con la vista secular:

Wikipedia define Esperanza como "el estado que promueve el deseo de resultados positivos relacionados con eventos y circunstancias en la vida de uno o en el mundo en general.

La desesperación a menudo se considera lo contrario de la esperanza. La esperanza es la "sensación de que se puede obtener lo que se quiere o de que los eventos serán lo mejor" o el acto de "esperar algo con deseo y confianza razonable"

o "sentir que algo deseado puede suceder".

Como no podemos ver cómo nos irán las cosas, ¿realmente sabemos lo que estamos buscando? De hecho, es posible que no tengamos la capacidad de reconocerlo aunque lo encontremos. Así que estamos "esperando" en algo que no podemos ver. Pablo nos dice: "'Porque en esa esperanza fuimos salvados. Pero la esperanza que se ve ya no es esperanza. ¿Quién espera lo que ya tiene? Pero, si esperamos lo que todavía no tenemos, en la espera mostramos nuestra constancia. "(Romanos 8: 24-25 NVI) Y nuevamente:

"Ahora la fe es la seguridad de lo que se espera, la convicción de lo que no se ve.(Romanos 8: 24-25 NVI) ¡Esta "convicción" (la cualidad de mostrar que uno está firmemente convencido de lo que uno cree o dice) es la esperanza de la vida eterna! Pasar la eternidad en la presencia del Padre, donde no habrá más llanto, miedo o dolor. ¡SIEMPRE! Esto significa que hay algo que esperar además de este mundo y esta vida.

Si estamos buscando algo que no podemos ver, pero deseamos que esté allí, entonces tenemos que tener la creencia (fe) de que realmente existe. Introduzca, "el testimonio".

ENCONTRADO: una relación con Dios

Hemos visto cómo otros se han recuperado y ahora viven una vida mejor. Y no solo se han liberado de las cadenas de la adicción, sino que afirman que fue un despertar espiritual. ¡Una liberación divina! El resultado es que parecen ser una persona completamente diferente, transformada por la fe en algo invisible. ¡Sin embargo, le dirán que ahora pueden verlo claramente! La frase "no se sabe hasta que se sabe" ha sido repetida por miles de personas que han pasado por esta conversión espiritual. "'Pero cuando se conviertan al Señor, el velo se quitará." (2 Corintios 3:16 NTV)

También tenemos evidencia de las historias en las escrituras del poder de Dios para sanar, proteger y conquistar. ¡Dios incluso trae a los muertos a la vida! Cada evento, profecía y sabiduría revelada en las Escrituras apunta a una persona: ¡Jesucristo! Esta es la verdad de la humanidad. Nuestra creencia en esto es nuestro valor para Dios.

Lo que el mundo nos dice versus lo que Dios nos dice

El mundo nos dice que nuestro valor personal se basa en lo que hemos hecho, lo que hemos logrado o el potencial que tenemos que alcanzar. Esto puede ser desmoralizante si ha creado una estela de restos en su pasado, viviendo sin la confianza de que pueda cambiar. El mundo también quiere convencernos de que estamos enfermos, que tenemos una enfermedad que es incurable. El mundo nos recuerda que siempre vamos a estar en adicción. Sin embargo, parece que nuestro verdadero valor no viene de lo que hemos hecho, sino de cuánta fe tenemos en algo que no podemos ver y que hemos presenciado o aprendido a ser verdad.

¡Esta es una gran noticia! ¡Ahora me valoran la cantidad de fe que tengo en el viajero (Jesús) que me sacará del desierto, en lugar de cómo debo hacerlo yo mismo! El apóstol Pablo nos dice: "... 'Sean realistas al evaluarse a ustedes mismos, háganlo según la medida de fe que Dios les haya dado.' (Romanos 12: 3 NTV) Ponga su valor en este punto, no en sus errores pasados, sino en cuánto está dispuesto a confiar (tener fe) en Dios (algo que no puede ver) a partir de este momento. "' Dichosos los que tienen hambre y sed de justicia, porque serán saciados". (Mateo 5: 6 NVI) - "Hambre o sed" es un sentimiento de desesperación. Un verdadero deseo de ser rescatado. Es durante este acto de devoción y verdadera sinceridad confiar en Dios para salvarnos de la muerte que Jesús dice que seremos alimentados y saciados.

Ser "encontrado" por una esperanza en Cristo también viene con tener que soltar algo ... nuestro viejo yo. Debemos darnos cuenta de que no hay nada que podamos hacer para venir a Dios debido a nuestro pecado. "'Por más jabón o lejía que te pongas no puedes limpiarte. Aún puedo ver la mancha de tu culpa. ¡Yo, el Señor Soberano, he hablado!' (Jeremías 2:22 NTV) - "La limpieza espiritual debe llegar al corazón y este es un trabajo que solo Dios puede hacer. No podemos ignorar los efectos del pecado y esperar que desaparezcan. Tu pecado ha causado una mancha profunda que solo Dios puede quitar si estás dispuesto a dejar que te limpie". –Tyndale, Tyndale House Publishers, Life Application Study Bible. Pero Dios tenía un plan para esto desde que comenzó el tiempo. "' Porque tanto amó Dios al mundo que dio a su Hijo unigénito, para que todo el que cree en él no se pierda, sino que tenga vida eterna." (Juan 3:16 NVI)

La hermosa salvación de Cristo comienza cuando reconocemos que estamos separados de Dios debido a nuestro pecado y que realmente creemos que Cristo murió por esos pecados, lo que nos permite acercarnos a Dios en una nueva relación. Dios ahora nos ve como justos a través de la sangre de Cristo. Luego entregamos nuestra vida a él y buscamos una nueva forma de vivir, a la manera de Dios (ver principio 3). Entonces Satanás viene y trata de robarnos este nuevo regalo de Dios. Su estrategia es confundirnos y engañarnos para que pensemos que esta historia de Dios es demasiado buena para ser verdad. Se nos muestran los efectos del plan de Satanás en la historia de la "Parábola del sembrador". Lee Mateo 13.

Guerra espiritual

Nuestra lucha contra lo que este mundo tiene para ofrecer, el caos, la adicción, el odio, la lujuria, será recompensada si confiamos en nuestra fe, incluso cuando Cristo sufrió y resucitó de los muertos para estar con el Padre –James 4: 1-4. Véanse también los comentarios en Efesios 6: 10-19 sobre nuestra armadura para la guerra espiritual.

Debajo de la superficie de la vida cotidiana, se libra una feroz lucha entre poderes espirituales invisibles. Nuestra principal defensa es la oración para que Dios nos proteja y fortalezca.

(1) Toma la amenaza del ataque espiritual en serio. (2) Ora por fortaleza y ayuda de Dios. (3) Estudie la Biblia para reconocer las técnicas de estrategia de Satanás. (4) Memorice las Escrituras para que sean una fuente de ayuda sin importar dónde se encuentra. (5) Asociarse con aquellos que dicen la verdad. (6) Practica lo que te enseñan los líderes espirituales (Comentario de 2 Tesalonicenses 3: 1-3 NTV, Tyndale House Publishers, Life Application Study Bible)

"Puede parecer extraño que Dios obra a través de nosotros: criaturas humanas falibles, infieles y no confiables. Pero nos ha dado el privilegio fantástico de cumplir su gran misión: decirle al mundo cómo encontrar la salvación ". (Tomado de The NIV Life Application Study Bible, Zondervan Publishers)

"'Por lo tanto, si alguien piensa que está firme, tenga cuidado de no caer. Ustedes no han sufrido ninguna tentación que no sea común al género humano. Pero Dios es fiel, y no permitirá que ustedes sean tentados más allá de lo que puedan aguantar. Más bien, cuando llegue la tentación, él les dará también una salida a fin de que puedan resistir." (1 Corintios 10: 12-13 NVI) Y Dios también dice: "'Yo les doy vida eterna, y nunca perecerán, ni nadie podrá arrebatármelos de la mano." (Juan 10:28 NVI) Dios nos ordena una nueva forma de vida. Su camino nos lleva a amarlo a Él y a los demás al transformar nuestras vidas para ser más como Cristo. Y como aprenderemos en el principio 3, este es un giro de 180 grados de la forma en que vive el mundo. La lucha en la vida comienza aquí. Sin embargo, Dios nos promete paz y alegría mientras soportamos estas pruebas en la tierra. El apóstol Pablo nos dice: "'Pues, para mí, vivir significa vivir para Cristo y morir es aún mejor." (Filipenses 1:21 NTV)

Palabra clave para el principio 1:

[Confiar]

a. Confianza asegurada en el personaje, habilidad, fuerza o verdad de alguien o algo. b. Uno en el que se deposita la confianza. c. Dependencia en algo futuro o contingente: esperanza

Para "creer" o tener "fe" debemos confiar en lo que sea que creamos o tengamos fe. Confiar en nosotros mismos o en lo que el mundo tiene para ofrecer, solo conduce a un vacío que nunca puede satisfacerse. Estamos destinados a intentar llenar ese vacío con Dios u otra cosa. Conocemos muy bien el dolor y la lucha que conlleva llenar nuestra vida con cualquier cosa que no sea de Dios. Es hora de comenzar a confiar en el Dios que nos creó. Jesús, el que nos conoce mejor y lo que es mejor para nosotros.

Claves para confiar en Dios, no en ti mismo:

1. No te pongas en malas situaciones.
Gente equivocada, lugares y cosas. Estos te tentarán. Recuerde, estamos buscando resistencia (mantenerse sobrio / limpio). Satanás es el engañador, distractor y ladrón. Él quiere quitarte y robarte lo que estás sosteniendo. Dios te está probando para ver cuán fiel eres. ¿Qué sigues haciendo hoy que sigue bloqueando a Dios? ¿Cómo te sigue distrayendo Satanás?

2. Alabada y gracias a Dios por TODO.
Permanecer en gratitud te recordará lo que Dios ha hecho por ti.

3. Compañerismo con otros.
No cuando te preguntan, sino por tu cuenta, busca y encuentra a los que tienen sed y pueden animarte y fortalecerte, y tu a ellos. Encuentre una comunidad de creyentes que se apoyen mutuamente y aprendan la verdad sobre Dios. Esto se llama una iglesia! Sé parte de una.

4. ¡No estés inactivo!
Mantente ocupado y haz algo positivo. ¿Qué tal el ejercicio?

5. ¡Lee tu biblia!
Para saber quién eres tu y quién es Dios y su verdad, debemos dedicar tiempo en nuestras vidas a comprender su sabiduría, su libro de la vida.

6. Encuentra un mentor espiritual.
Alguien que pueda ayudarlo a comprender la verdad de Dios y que pueda confiar en su guía. Debe ser alguien con experiencia.

Principio 1 Estudio:

PREGUNTAS:

1. ¿Cuándo supiste que no podías controlar el caos en tu vida (PERDIDO)?

_____
_____
_____
_____
_____
_____
_____
_____
_____
_____

2. **Explica cómo era tu vida entonces.**

_____
_____
_____
_____
_____
_____
_____
_____
_____
_____
_____
_____
_____
_____
_____
_____
_____
_____
_____
_____

3. **Explica cómo es tu relación con Jesucristo hoy. ¿Le has entregado tu vida (ENCONTRADO)?**

_____
_____
_____
_____
_____
_____
_____
_____
_____
_____
_____
_____
_____
_____
_____
_____
_____
_____

4. **Suponga que alguien que nunca ha conocido antes lo observaría durante un día, ¿cuál de ellos usaría para describirlo hoy?**

☐ amor
☐ alegría
☐ paz
☐ paciencia
☐ amabilidad
☐ bondad
☐ fidelidad
☐ dulzura
☐ auto control

5. **¿Sientes que otros pueden ver el cambio en ti? ¿Cómo?**

_____
_____
_____
_____
_____
_____
_____
_____
_____
_____
_____
_____
_____
_____
_____
_____

6. **Explique una situación o circunstancia en la que tuvo la tentación de actuar como antes, pero pudo escapar. ¿Sientes que fue la fuerza de Dios la que te ayudó a superarlo o fue solo la voluntad propia?**

_____
_____
_____
_____
_____
_____
_____
_____
_____
_____
_____
_____
_____
_____

7. **De esta lista, marque en la escala (1 es la menos) donde se siente que está hoy:**

Asistencia a la iglesia

1 2 3 4 5

☐ ☐ ☐ ☐ ☐

Hora de rezar

1 2 3 4 5

☐ ☐ ☐ ☐ ☐

Lectura de las escrituras

1 2 3 4 5

☐ ☐ ☐ ☐ ☐

Compañerismo con otros

1 2 3 4 5

☐ ☐ ☐ ☐ ☐

8. **¿Cuál de estos describe mejor con qué estás luchando hoy?**

☐ Auto control
☐ Confiar
☐ Enfado
☐ Salvación
☐ Crecimiento

*Si marcó más de uno, ¿cuál es el más difícil?

_____

9. **¿Cuáles son algunas de las cosas que está haciendo hoy para ayudar a aumentar su confianza en Dios y construir su confianza, evitando la tentación?**

_____
_____
_____
_____
_____
_____
_____
_____
_____
_____
_____
_____
_____

10. En la pregunta # 4 se le pidió que eligiera de una lista. Esa lista de cualidades son en realidad regalos que nos dio el Espíritu de Dios cuando le hemos entregado su vida a Jesús y hemos renacido.

Cada creyente ahora posee estas cualidades y ahora puede mostrar estos "frutos" a los demás como dicen las Escrituras, "'Porque si estas cosas están en vosotros, y abundan, no os dejarán estar ociosos ni sin fruto en cuanto al conocimiento de nuestro Señor Jesucristo". - 2 Pedro 1:8

¿Dios está transformando tu vida hoy? Si es así, entonces puede descansar en la paz de que con Su poder Él continuará creciendo esas áreas "en medida creciente". Es un proceso, no la perfección.

Escriba cinco ejemplos de CÓMO Dios podría hacer crecer estas áreas en su vida.

_____
_____
_____
_____
_____
_____
_____
_____
_____
_____
_____
_____
_____
_____
_____
_____
_____
_____
_____
_____
_____
_____
_____
_____
_____
_____
_____
_____
_____
_____
_____

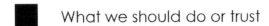

■ What we should do or trust

▧ What we should NOT do and NOT trust

CONFÍA EN DIOS
QUÉ DEBERÍA HACER

ORAR
en busca de ayuda:
fortaleza y coraje

**ESTATE
QUIETO**
no reaccionar

TU ARMADURA
defender los
ataques de Satanás

**LA GENTE
de DIOS**
encuentra otros crey-
entes a través de los
cuales Dios hablará

NOSOTROS DEBEMOS CREER (ESPERANZA)
**DEBE HABER UNA ENTREGA, UN SALTO DE FE. PERO TAMBIÉN DEBE HABER
UNA NUEVA CREENCIA DE QUE PODEMOS CONFIAR EN LO DESCONOCIDO**

**MISMO VIEJO
MISMO VIEJO**
demasiado asustado
para hacer algo
diferente

VOLUNTAD
esta vez todo
saldrá bien

**LAMENTO,
VERGÜENZA,
CULPA**
Creyendo que no somos
lo suficientemente buenos

LO QUE NO DEBO HACER
CONFÍAR EN MI

PRINCIPIO 2
Deseo de conocimiento y sabiduría.

Buscar la palabra de Dios revela una comprensión del propio carácter de Dios, su sabiduría, testimonios de los muchos que han vivido en la fe antes que nosotros, y determinará cómo discernimos la verdad de las mentiras de este mundo. Tendremos que crecer en nuestro conocimiento de Dios y su sabiduría para ser lo suficientemente fuertes como para resistir las tentaciones causadas por la corrupción maligna que nos rodea. Dios nos llama a ponernos nuestra armadura completa de Dios en nuestra nueva postura de verdad. Comprender cómo Dios se revela en las Escrituras también nos ayudará a acercarnos más a Él y a recibir más de Su gloria, el verdadero gozo en esta vida y en el futuro.

ESCRITURA RELACIONADA:

'Yo te instruiré, yo te mostraré el camino que debes seguir; yo te daré consejos y velaré por ti." (Salmo 32:8 NVI)

"'Si a alguno de ustedes le falta sabiduría, pídasela a Dios, y él se la dará, pues Dios da a todos generosamente sin menospreciar a nadie". (Santiago 1: 5 NVI)

'Escucha el consejo y acepta la corrección, y llegarás a ser sabio.' (Proverbios 19:20 NVI)

Buscar la verdad de Dios revela:

1. **Saber quién es Dios (Su carácter)**
   - **Creador, Padre, Redentor**
2. **Comprensión de QUIENES somos (nuestra identidad)**
   - **lo que Dios piensa de ti**
3. **Comprensión de CÓMO debemos vivir (nuestra actividad)**
   - **cuál es el propósito de Dios para ti**
4. **Nuestros PROPIOS defectos de carácter (nuestra honestidad)**
   - **como necesitaremos crecer**

Creer en Jesucristo y en cómo murió por nosotros (lavando nuestros pecados) es un gran paso para RECIBIR EL PODER DE SU ESPÍRITU para cambiar nuestras vidas (algo que no podríamos hacer por nuestra cuenta). Con este poder debe venir el deseo y la comprensión de conocerlo más. Este conocimiento ayudará a separar las mentiras que el mundo nos dirá frente a la verdad de Dios.

El conocimiento es tanto una responsabilidad familiar como individual

Familia:

Cuando el apóstol Pablo estaba en prisión asesorando a Timoteo, un nuevo creyente, para comprender la verdad de Dios, le escribió varias cartas. Podemos encontrar estas cartas en los libros de 1 Timoteo y 2 Timoteo en la Biblia. Pablo estaba respondiendo al llamado de Dios a: "'Por lo tanto, vayan y hagan discípulos de todas las naciones,...'" (Mateo 28:19 NTV), que es la familia de la iglesia, o el cuerpo de Cristo que enseña a los jóvenes cristianos cómo vivir vidas piadosas señalando las Escrituras. La Biblia es la verdad de Dios sobre todo, desde el comienzo de la creación hasta el día de hoy, y lo que podemos esperar para el futuro. Debemos tener comunión con otros creyentes y hacernos responsables mutuamente por conocer la verdad sobre Dios, su sabiduría y cómo vivir vidas piadosas.

Individual:

La verdad de Dios sobre sí mismo, nosotros y las fuerzas de la oscuridad tiene el propósito de conocerlo, entender nuestro propósito y discernir la verdad de las mentiras de Satanás. Debemos aplicar su sabiduría en nuestras vidas, vivir para avanzar el reino de Dios en la tierra y darle gloria. Dios nos hace responsables a cada uno de nosotros. Por eso las escrituras dicen: "Hijo de hombre, que todas mis palabras penetren primero en lo profundo de tu corazón. Escúchalas atentamente para tu propio bien."(Ezequiel 3:10 NTV)

¿Crees que cada palabra en la biblia es verdad? Pablo nos dice: "'Toda la Escritura es inspirada por Dios y es útil para enseñarnos lo que es verdad y para hacernos ver lo que está mal en nuestra vida. Nos corrige cuando estamos equivocados y nos enseña a hacer lo correcto. Dios la usa para preparar y capacitar a su pueblo para que haga toda buena obra." (2 Timoteo 3: 16-17 NTV)

¡El mundo nos dice mentiras!

El mundo nos enseña que el dinero y el poder son las claves de la felicidad. Nos dice que el camino es ancho y que todo lo que deseas puede ser tuyo; nos amenaza con "es un mundo de fieras allá afuera" y dice que debes tomar tu parte antes que otra persona, independientemente de a quién lastimes en el proceso; Se nos recuerda constantemente que debe ganar todo para usted y que la disciplina y el éxito "verdaderos" provienen de la enseñanza propia o de la ayuda de otros. El mundo nos da libros de autoayuda para enseñarnos cómo cambiar nuestras vidas "para mejor". ¿Cómo puedes esperar "ayudarte a ti mismo" cuando estás roto? Leer los libros correctos y ser instruido por otros no es algo malo, pero es mejor que revises sus raíces. ¿Su sabiduría proviene de Dios o está arraigada en otro pensamiento secular o tradicional?

No hay excusa

La verdad de Dios se nos revela a través de las Escrituras, la oración, la iglesia (una familia de creyentes) y pastores / maestros y la creación misma. No estamos excusados por ignorar el conocimiento de Dios: "'*Pues, desde la creación del mundo, todos han visto los cielos y la tierra. Por medio de todo lo que Dios hizo, ellos pueden ver a simple vista las cualidades invisibles de Dios: su poder eterno y su naturaleza divina. Así que no tienen ninguna excusa para no conocer a Dios*". (Romanos 1:20 NTV)

Como lo que parece verdad o parecedivino no son lo mismo que la cosa real: Debemos tener cuidado para evitar cosas que sean "parecidas a Dios" o "como la verdad", lo que significa que son falsas. Parecen reales, principalmente porque todos parecen estar de acuerdo con eso, pero son ilusiones peligrosas que eventualmente demostrarán no ser beneficiosas y pueden dañarnos a nosotros u otros al adoptarlas. Hay muchas cosas en este mundo que parecen correctas, pero estas cosas no te salvarán de tu quebrantamiento. Proverbios 14:12 (NVI) nos advierte de este tipo de pensamiento: "Hay un camino que le parece correcto a un hombre, pero su fin es el camino de la muerte". Esto se repite nuevamente en Proverbios 16:25. Los "Archivos Expositivos", escritos por el Pastor Warren E. Berkley, señalan cuatro observaciones al respecto:

"1. Algunas cosas no son lo que parecen. 2. El hombre no posee la más alta sabiduría de la vida. 3. La sinceridad no detiene las consecuencias. 4. Una elección incorrecta puede conducir a la muerte ".

Creo que este es el mayor truco del diablo: mantenernos confundidos, desviados y creer en las cosas de este mundo que no tienen un poder real para protegernos del daño o brindar alguna esperanza para el futuro. El diablo puede ser bastante sutil en su habilidad para distraernos de enfocarnos en la verdad de Dios. Incluso vemos esto dentro de la iglesia y en nuestros propios hermanos y hermanas cristianos, y Pablo también nos advierte sobre estas cosas: "Manténgase alejado de la especulación religiosa y los argumentos teológicos inútiles. Pueden parecer inofensivos, pero nos desvían del mensaje central de las buenas nuevas: la persona y la obra de Jesucristo. Estas cosas gastan tiempo que deberíamos usar para compartir las buenas nuevas de Dios con los demás ". (1 Timoteo 1: 3-4 comentario de NTV, Tyndale House Publishers, Life Application Study Bible)

Palabra clave para el principio 2:

[Verdad]

a. **Sinceridad en acción, carácter y expresión;**
b. **El cuerpo de cosas reales, eventos y hechos.;**
c. **Un juicio, proposición o idea que es verdadera o aceptada como verdadera.**

Como cristianos, creemos en quién Dios dice que es. Creemos quién es Cristo y dice que a través de su muerte y resurrección, vemos el plan perfecto de Dios de redención y salvación de nuestro pecado. El Espíritu Santo invade nuestra vida y Dios nos hace nuevos y aceptados como justos. Es por la gracia de Dios, un regalo gratis, que Él nos da esta fe invasora para que podamos compartir la divinidad de Dios para siempre en la eternidad. Todo lo que se nos pide es creer en estas verdades y aceptar nuestra transformación para convertirnos en santos con el propósito de la gloria de Dios y llevar a cabo Su voluntad en nuestras vidas.

Lea: Génesis 1, Juan 1, Romanos 3 y Hebreos 9 y 10.

Debido a que el mundo está lleno de pecado, existe un contraste con lo que la cultura mundial nos dice versus lo que Dios nos dice. Para escapar de la corrupción del mundo, debemos confiar en la verdad de Dios para que seamos separados de otros que eligen no creer o confiar en Dios. Entonces podemos vivir vidas diferentes para que la verdad de Dios se revele a través de nuestro testimonio de vida piadosa. No es que sea nuestro testigo el que salva, porque Dios se ha revelado al mundo para que nadie tenga una excusa para no conocerlo. Lea: Génesis 3, Romanos 1: 18-23 y 2 Pedro 3.

Claves para confiar en Dios, no en ti mismo:

Aquí hay algunas cosas que podemos comenzar a hacer hoy:

1. **Lee la Biblia.** Comenzando cada día en la mañana, leer la palabra de Dios comenzará todos los días con buen pie. El libro de Juan es un buen lugar para comenzar. Describe quién es Jesús y refleja el verdadero carácter de Dios. 1 Pedro es otro buen lugar para comenzar. Pedro explica el plan de Dios para la redención (salvar nuestras almas a través de Cristo), su protección durante nuestro tiempo en la Tierra (sufrimiento) y la capacidad del Espíritu Santo de transformarnos en personas piadosas (santificándonos y mostrándonos cómo vivir para Dios).

2. **Encuentra un mentor espiritual.** Alguien que tenga un mejor conocimiento de las Escrituras y pueda enseñarle lo que está leyendo. Esta persona debe estar viviendo una vida piadosa y ser confiable.

3. **3. Ir a la iglesia.** Debes encontrar cierta coherencia en aprender del pueblo de Dios y en la comunión con otros para tener una idea clara de esta nueva vida que te han dado y cómo protegerte de lo que el mundo nos muestra en contraste.

4. **Hacer nuevos amigos** Rodéate de otros creyentes donde puedan compartir la vida juntos y abrazar la verdad de Dios que los está guiando en la dirección correcta.

5. **Alabado sea Dios por su vida, sus bendiciones y agradézcale por abrazarnos, el mundo.** Esto te recordará cómo Él es quien tiene el control de todo.

6. **Ore cada día y pídale a Dios su sabiduría.** Presta atención a cómo te responde. Esto puede ser a través de lo que Él te lleva a la Biblia cada día o a través de nuevas personas que pondrá en tu vida. *"No se olviden de brindar hospitalidad a los desconocidos, porque algunos que lo han hecho, ¡han hospedado ángeles sin darse cuenta!" (Hebreos 13: 2 NTV)*

Principio 2
Estudio:

PREGUNTAS:

1. **¿Qué se siente al darse cuenta de que alguien o algo te ha mentido?**

_____
_____
_____
_____
_____
_____
_____
_____
_____
_____
_____
_____
_____
_____
_____
_____
_____
_____

2. **Dé un ejemplo en el que se dio cuenta de que algo en lo que creía era en realidad, de acuerdo con la verdad de Dios, no es cierto en absoluto. ¿Como supiste?**

_____
_____
_____
_____
_____
_____
_____
_____
_____
_____
_____
_____
_____
_____

3. Además de las Escrituras, ¿dónde más podemos encontrar la verdad de DIOS.

_____
_____
_____
_____
_____
_____
_____
_____
_____
_____
_____
_____
_____
_____
_____
_____
_____
_____
_____
_____

4. ¿Puedes recordar cuando alguien te estaba enseñando acerca de Dios y te diste cuenta de que no era la verdad? Explica cómo supiste la diferencia.

_____
_____
_____
_____
_____
_____
_____
_____
_____
_____
_____
_____
_____
_____
_____
_____
_____

5. ¿Cuáles son algunas cosas que puedes hacer para asegurarte de que se te diga más de la verdad que de las mentiras del mundo?

_____

_____

_____

_____

_____

_____

_____

_____

_____

_____

_____

_____

_____

_____

_____

_____

6. Encuentre y escriba 3 versículos en la Biblia que hablen sobre la importancia del conocimiento de Dios.

_____

_____

_____

_____

_____

_____

_____

_____

_____

_____

_____

_____

_____

_____

_____

_____

Principios en revisión:

PRINCIPIO UNO
Deseo de bondad:

[Confiar]

Jesús es quien dice ser y su muerte y resurrección lavaron nuestros pecados, permitiéndonos tener una relación con Dios. No es que hayamos hecho nada para ganarlo, sino que es un regalo gratuito de la gracia de Dios. Si creemos sinceramente con nuestros corazones en esta verdad y le pedimos a Jesús que venga a nuestra vida y le pidamos sinceramente su perdón por vivir una vida de pecado, viviremos por la eternidad con Él en un lugar que Él nos está preparando." *Pues Dios amó tanto al mundo que dio a su único Hijo, para que todo el que crea en él no se pierda, sino que tenga vida eterna". (Juan 3:16 NTV)*

PRINCIPIO DOS
Deseo de conocimiento y sabiduría.:

[Verdad]

¿Estás adquiriendo una nueva comprensión de cómo cambiar el camino de tu vida? ¿Sabes lo que Dios está tratando de enseñarte sobre esto? Si has dicho que sí al Principio Uno, tienes una nueva vida, has renacido, apartado y eres un extranjero en este mundo y ahora un ciudadano del cielo. ¿Estás leyendo la Biblia, aprendiendo sobre la verdad de Dios y su reino (el cielo)? ¿Te estás rodeando de otros como tú? ¿Te estás protegiendo de las malas decisiones y solo estás confiando en la verdad de Dios y no en lo que el mundo te dice? RECUERDA, ESTAMOS EN ESTE MUNDO NO DE ESTE MUNDO. *"En cambio, nosotros somos ciudadanos del cielo, de donde anhelamos recibir al Salvador, el Señor Jesucristo". (Filipenses 3:20 NVI)* *"Por lo tanto, ustedes ya no son extraños ni extranjeros, sino conciudadanos de los santos y miembros de la familia de Dios". (Efesios 2:19 NVI)* *"Pues ustedes han nacido de nuevo, no de simiente perecedera, sino de simiente imperecedera, mediante la palabra de Dios que vive y permanece". (1 Pedro 1:23 NTV)*

■ Lo que debemos hacer o confiar

■ Lo que NO debemos hacer y NO confiar

LA VERDAD
EL CONOCIMIENTO Y LA SABIDURÍA DE DIOS

BIBLIA
Esta es la verdad de Dios acerca de Él, la vida y nosotros. Léelo!

MENTOR
encontrar una persona confiable y experimentada de la fe Cristiana

IGLESIA
no pases por una situación difícil solo

LA GENTE DE DIOS
Rodéate de tus hermanos y hermanas para mayor comodidad

ORAR
pedirle comprensión a Dios nos da el poder de crecer en conocimiento

LAS BUENAS NOTICIAS
CRISTO MURIÓ POR NUESTROS PECADOS, NOS LIMPIO, HEMOS HECHOS NUEVOS Y SOMOS JUSTOS ANTE DIOS

AUTO AYUDA
¿Cómo puedes ayudarte? deja de escuchar a otros que dicen esto. prueba a Dios

DISTRACIONES
Satanás usará cualquier cosa para quetomes un tiempo lejos de aprender más acerca de Dios

DEPENDER DE OTROS NO DE DIOS
tenga cuidado de confiar en aquellos que no son de la fe. su verdad es equivocada

CHISME
pasar tiempo hablando de otros es peligroso y no productivo

LO QUE EL MUNDO NOS DICE
LA MENTIRA

PRINCIPIO 3
Buscando el autocontrol

Este es un territorio nuevo para nosotros. Ser capaces de controlar nuestros deseos de dañarnos a nosotros mismos y a los demás es algo que nunca podríamos hacer por nuestra cuenta. Una vez que confiamos y crecemos en nuestro conocimiento de Jesucristo, podemos girar en una dirección diferente y generar confianza en que, con Su poder, podamos lograr cierto nivel de consistencia. El progreso, no la perfección, es la clave. A Dios le preocupa en quién nos estamos convirtiendo, no en quiénes éramos o dónde estamos hoy.

ESCRITURA RELACIONADA:

"'No quiero que mueras, dice el Señor Soberano. ¡Cambia de rumbo y vive!"(Ezequiel 18:32 NTV)

Hay poder en el conocimiento

Sé lo que estás pensando, "si tuviera la capacidad de controlarme, no estaría aquí". Eso es exactamente, estás aquí. Entregar nuestra vida a Cristo y creer sinceramente que no hicimos nada para merecerlo, la verdad es que Cristo murió por nosotros y perdonó nuestros pecados. Podemos confiar en que tenemos acceso directo a Dios, su Espíritu Santo y el poder para vencer. Sin la presencia de Dios en nuestras vidas, nunca debimos soportar las luchas de este mundo. No somos lo suficientemente fuertes como para contener las tentaciones de nuestros deseos pecaminosos. Este no es un estudio sobre la modificación del comportamiento, en el sentido de que podremos cambiar por nuestra cuenta. Hay muchos de esos programas que se basan en "nuevos conocimientos" y voluntad propia que no tienen poder real. En cambio, es la voluntad de ser transformados por nuestro nuevo Espíritu, arrepentirnos, encontrar el perdón y una aceptación renovada a través de Cristo para recibir la fuerza de Dios para conquistar nuestros viejos deseos.

¿Qué significa "arrepentirse"?

Debido a que la palabra "arrepentimiento" ha sido mal entendida por muchos, aquí hay algunos comentarios que pueden ayudar:

"Muchos piensan que la palabra arrepentirse significa" hacer las cosas bien "o" conseguir la religión "o" volar derecho "; como si pudiéramos, El arrepentimiento requiere tomar un punto de vista completamente nuevo; mirándolo a la manera de Dios. Dios simplemente nos pide que nos volvamos. Esta es la forma en que aceptamos su regalo. Cuando lo hacemos, se prometen ciertos resultados. Si no lo hacemos, o "retrocedemos", se prometen resultados alternativos ". –Actos17:11.com

"Las maravillas de la convicción del pecado, el perdón y la santidad están tan entretejidas que solo la persona perdonada es verdaderamente santa. Él prueba que es perdonado por ser lo contrario de lo que era anteriormente, por la gracia de Dios. El arrepentimiento siempre lleva a una persona al punto de decir: "He pecado". La señal más segura de que Dios está trabajando en su vida es cuando lo dice y lo dice en serio. Cualquier cosa menos es simplemente pena por haber cometido errores tontos, una acción refleja causada por la auto repugnancia ". –Oswald Chambers, "Mi máximo para el altisimo"

Incluso el punto de vista secular está confirmando: "El arrepentimiento exigido en toda la Biblia es una convocatoria a una rendición personal, absoluta y definitiva incondicional a Dios como Soberano (Supremo, todopoderoso). Aunque incluye pena y arrepentimiento, es más que eso. Es un llamado a la conversión del amor propio, la confianza en uno mismo y la autoafirmación a la confianza obediente y el compromiso personal con Dios. Al arrepentirse, uno hace un cambio completo de dirección (giro de 180 °) hacia Dios ". –Wikipedia

Un cambio de direccion

Lo que esto significa es que, en lugar de "tener los nudillos blancos", el acto de apretar los puños con tanta fuerza que tus nudillos parecen blancos, lo que representa visualmente la lucha que estás teniendo internamente, el sufrimiento de tratar de controlarte y concentrarte en qué no hacer, estamos llamados a centrarnos en lo que podemos o debemos hacer en su lugar. Este es el giro de 180 °. No confiamos en nosotros mismos para esta fuerza de voluntad, sino en el poder del Espíritu Santo de Dios que ahora vive dentro de nosotros. "Someteos, pues, a Dios. Resistid al diablo, y huirá de vosotros." (Santiago 4: 7 NVI) "¡Quédate quieto y sabe que yo soy Dios!" (Salmo 46:10 NTV)

¿Cómo aplico esto en mi vida?

Imaginemos que alguien en tu trabajo acaba de anunciar a toda la empresa que tu eres un adicto y que no se puede confiar en ti. Luego te acusa de robar del negocio y te llama ladrón. Cuando sientes que la sangre te sube a la cara, está pensando: "ESTO NO ES VERDAD. PUEDO SER UN

ADICTO EN RECUPERACIÓN, PERO NO SOY UN LADRÓN ¡Y DEFINITIVAMENTE NO HE ROBADO NADA!" Tu viejo yo estaría colocando tus pies y manos para golpear a este tipo y humillarlo frente a todos. Pensarías que podrías perder tu trabajo pero valdría la pena. Intentar controlarte y detener esta acción probablemente esté más allá de tu capacidad. Esto es "tener los nudillos blancos". Sin embargo, si su enfoque no era dañar a esta persona, sino decirle a esta persona que va a orar por ellos, alejarse y realmente orar por ellos, esto sería un giro de 180 °. Tu oración puede sonar así: **"Dios, ayúdame a perdonar a esta persona. No saben la verdad acerca de ti y debe haber algo muy mal en su vida para que se comporten de esta manera. Oro para que los acerques a ti y le traigas paz y calmes mi ira. Amén."**

Se trata de lo que te enfocas

Ahora eso realmente está haciendo lo contrario de tu antiguo yo. Y note, no fue lo que no hizo, fue lo que hizo. Cuando estás actuando más como Cristo, estás actuando dentro de la voluntad de Dios. Y si estás actuando dentro de la voluntad de Dios, estás complaciendo a Dios. Y cuando complaces a Dios, estás haciendo un cambio completo de dirección (giro de 180 °) hacia Dios.

Control de Dios

Esta es la clave para el autocontrol de una manera piadosa. Dios finalmente te dará paz cuando hagas esto. Todavía es una elección y no serás perfecto en eso, pero cada vez que haces esto estás ganando la fuerza de Dios a través de Su Espíritu dentro de ti. A su vez, Dios te dará más y más paz y fuerza para continuar haciéndolo una y otra vez. Él te mostrará cada vez que PUEDES hacer algo diferente y que puedes confiar en Él. El apóstol Pablo lo dice así: *"'Estoy convencido de esto: el que comenzó tan buena obra en ustedes la irá perfeccionando hasta el día de Cristo Jesús". (Filipenses 1: 6 NVI)* Dios quiere fortalecernos para resistir la tentación y continuará haciéndolo hasta el día en que finalmente nos unamos a Él en la eternidad. Nunca se cansará de esto. ¡NUNCA! "'¿Acaso no lo sabes? ¿Acaso no te has enterado? El Señor es el Dios eterno, creador de los confines de la tierra. No se cansa ni se fatiga, y su inteligencia es insondable. Él fortalece al cansado y acrecienta las fuerzas del débil". (Isaías 40: 28-29 NVI)

De vuelta a la historia ficticia en tu trabajo. Imagina lo que todos estaban pensando al presenciar cómo manejaste esa situación. ¿Era, "Hombre, qué cobarde era él / ella por ignorar esa amenaza y luego rezar por ellos?" Absolutamente no. Estaban pensando, "¡Guau! Realmente hay algo diferente en él / ella ". Tenga cierta consistencia con esto y se convierte en integridad. La gente confía en la integridad.

La alternativa

Tiene la opción de decidir si desea realizar el giro de 180 °. El apóstol Pedro nos dice que, "'Más les hubiera valido no conocer el camino de la justicia que abandonarlo después de haber conocido el santo mandamiento que se les dio. En su caso ha sucedido lo que acertadamente afirman estos proverbios: «El perro vuelve a su vómito», y «la puerca lavada, a revolcarse en el lodo". (2 Pedro 2: 21-22 NVI) O, el Dr. Lucas lo dice así: "'¡Les digo que no! De la misma manera, todos ustedes perecerán, a menos que se arrepientan". (Lucas 13: 3 NVI) Cuando el apóstol Lucas dice "perecer", está hablando de cómo te destruirás a ti mismo por la forma en que vives.

Dios tiene un deseo real en: "'y nos enseña a rechazar la impiedad y las pasiones mundanas. Así podremos vivir en este mundo con justicia, piedad y dominio propiol". (Tito 2:12 NVI) Y ya hemos aprendido al estudiar estos principios que, "'Su divino poder, al darnos el conocimiento de aquel que nos llamó por su propia gloria y excelencia, nos ha concedido todas las cosas que necesitamos para vivir como Dios manda. Así Dios nos ha entregado sus preciosas y magníficas promesas para que ustedes, luego de escapar de la corrupción que hay en el mundo debido a los malos deseos, lleguen a tener parte en la naturaleza divina". (2 Pedro 1: 3-4 NVI)

Palabra clave para el principio 3:
[GIRO]

Cambiar o hacer que cambie de dirección; cambio en la naturaleza, estado, forma o color; volverse.

Cuando pensamos en el arrepentimiento, generalmente lo asociamos con sumisión, castigo o incluso disciplina. También podemos pensar que tiene algo que ver con sentirse realmente mal por algo que hicimos, o pensar que somos irremediablemente malvados. La verdad es que el arrepentimiento se trata de apartarse de nuestro estilo de vida hacia el camino de Dios. Siendo profundamente condenados por nuestra rebelión contra Dios, confesamos que somos culpables, reconocemos que creemos que nuestro crimen ha sido pagado por la sangre de

Cristo, aceptamos el regalo gratuito de Dios de Su Espíritu, entregamos nuestro control a Él y permitimos que Dios arme ¡con lo que necesitamos para "convertirnos" y salir victoriosos de las tentaciones de la adicción y la corrupción de este mundo!

El control real se trata de rendirse al control de Dios. Es realmente tonto pensar que tenemos más poder que Dios para vencer estas aflicciones por nuestra cuenta. ¡Vuélvete a Dios! '"Vuelvan a mí y sean salvos, todos los confines de la tierra, porque yo soy Dios, y no hay ningún otro". (Isaías 45:22 NVI) "'Apártate del mal y haz el bien; busca la paz y esfuérzate por mantenerla". (Salmo 34:14 NTV)

Claves para confiar en el control de Dios, no en el tuyo:

Una forma diferente de actuar, hablar y pensar.

1. **Estate quieto**. No seas reactivo a situaciones o circunstancias. En lugar de tratar de "arreglar" las cosas, ore y deje que Dios haga el trabajo pesado. La mayoría de las veces necesitamos salir del camino.

2. **No hables** La lengua es una cosa peligrosa. Tiene el poder de acumularse y derrumbarse. Recuerda tomar una pausa cuando quieras hablar cuando estés emocional. Es mejor permanecer callado hasta que haya tenido tiempo de pensar en lo que debe y no debe decir.

3. **Se paciente**. El tiempo de Dios casi siempre no es lo que serán nuestras expectativas en una situación dada. Después de orar sobre lo que te desafía, trata de

concentrarte en otra cosa hasta que Dios se mueva por ti o escuches que Él te pide que des un nuevo paso.

4. **Compañerismo con otros creyentes**. Siempre es una buena práctica pedirles a los demás que se mantengan en la brecha durante los momentos difíciles. Hacer que otros oren por su situación no solo traerá el poder del pueblo de Dios durante la oración, sino que también es útil cuando otros entienden cómo consolarlo.

5. **Recuerda quien eres**. Si podemos recordarnos a nosotros mismos que estamos representando a Dios como su pueblo elegido, estaremos más alineados en la forma en que pensamos y actuamos en sus caminos en comparación con nuestros caminos.

Principio 3 Estudio:

PREGUNTAS

1. **En el pasado, ¿cuánto tiempo pudiste dejar tu adicción con tu propia fuerza de voluntad? ¿Cómo te hizo sentir eso?**

_____
_____
_____
_____
_____
_____
_____
_____
_____
_____
_____
_____
_____
_____
_____
_____
_____
_____
_____
_____
_____

2. ¿Cuándo fue la última vez que cambiaste la forma de ver algo (diferente a antes)? Después, ¿volviste a tu antigua forma de pensar otra vez? Explica cómo te sentiste con esa elección y qué sucedió después.

_____
_____
_____
_____
_____
_____
_____
_____
_____
_____
_____
_____
_____
_____
_____
_____
_____
_____
_____

3. Escriba aproximadamente una vez cuando solicitó ayuda y la recibió. ¿Cómo te sentiste?

_____
_____
_____
_____
_____
_____
_____
_____
_____
_____
_____
_____
_____
_____
_____
_____
_____
_____

4. ¿Qué dice Dios
   acerca de pedirle
   ayuda? ¿Puedes
   pensar en una
   escritura de la
   Biblia donde
   Dios nos enseña
   sobre esto?

   _____
   _____
   _____
   _____
   _____
   _____
   _____
   _____
   _____
   _____
   _____
   _____
   _____
   _____
   _____
   _____
   _____

5. Después de leer
   esta lección sobre
   "autocontrol"
   ¿Cómo se
   siente ahora
   con respecto al
   "arrepentimiento"?
   ¿Qué está tratando
   de enseñarnos
   Dios sobre esto?
   ¿Puedes encontrar
   una escritura
   al respecto?

   _____
   _____
   _____
   _____
   _____
   _____
   _____
   _____
   _____
   _____
   _____
   _____
   _____
   _____
   _____
   _____

Principios en revisión:

PRINCIPIO UNO
- Deseo de bondad:

[Confiar]

PRINCIPIO DOS -
Deseo de conocimiento y sabiduría:

[Verdad]

PRINCIPIO TRES
- Buscando autocontrol e integridad:

[Giro]

Jesús es quien dice ser y su muerte y resurrección lavaron nuestros pecados, permitiéndonos tener una relación con Dios. No es que hayamos hecho nada para ganarlo, sino que es un regalo gratuito de la gracia de Dios. Si creemos sinceramente con nuestros corazones en esta verdad y le pedimos a Jesús que venga a nuestra vida y le pidamos sinceramente su perdón por vivir una vida de pecado, viviremos por la eternidad con Él en un lugar que Él nos está preparando. *"Pues Dios amó tanto al mundo que dio a su único Hijo, para que todo el que crea en él no se pierda, sino que tenga vida eterna". (Juan 3:16 NTV)*

¿¿Estás adquiriendo una nueva comprensión de cómo cambiar el camino de tu vida? ¿Sabes lo que Dios está tratando de enseñarte sobre esto? Si has dicho que sí al Principio Uno, tienes una nueva vida, has renacido, apartado y eres un extranjero en este mundo y ahora un ciudadano del cielo. ¿Estás leyendo la Biblia, aprendiendo sobre la verdad de Dios y su reino (el cielo)? ¿Te estás rodeando de otros como tú? ¿Te estás protegiendo de las malas decisiones y solo estás confiando en la verdad de Dios y no en lo que el mundo te dice? RECUERDA, ESTAMOS EN ESTE MUNDO NO DE ESTE MUNDO. *"'En cambio, nosotros somos ciudadanos del cielo, de donde anhelamos recibir al Salvador, el Señor Jesucristo". (Filipenses 3:20 NVI) "'Por lo tanto, ustedes ya no son extraños ni extranjeros, sino conciudadanos de los santos y miembros de la familia de Dios". (Efesios 2:19 NVI) "'Pues ustedes han nacido de nuevo, no de simiente perecedera, sino de simiente imperecedera, mediante la palabra de Dios que vive y permanece". (1 Pedro 1:23 NTV)*

Tenemos una opción en la vida. Para seguir viviendo como nosotros o para buscar una nueva forma. Elegir una vida de vergüenza y culpa y todas las circunstancias que nos separan de Dios nos llevarán al dolor y al sufrimiento, y finalmente a la muerte eterna y a la separación de Dios. Por otro lado, Dios nos promete que tendremos vida eterna con Él para siempre y paz en la tierra si elegimos creer en Él y obedecer Sus mandamientos. Las escrituras están llenas de la verdad de Dios sobre la muerte y la vida. No necesita buscar en ninguna otra parte estas respuestas. Entregar su vida a Jesucristo, el que ya ha pagado el precio de su pecado, permite que el Espíritu de Dios nos dé el autocontrol necesario para tener éxito en este mundo. Recuerde, no es lo que deja de hacer, sino lo que comienza a hacer. Comience a confiar en Dios hoy. *"No quiero que mueras, dice el Señor Soberano. ¡Cambia de rumbo y vive!' (Ezequiel 18:32 NTV)*

VUELVASE A DIOS
QUÉ DEBERÍA HACER

ORAR
Pídale a Dios el coraje de volverse

ESTATE QUIETO
a veces lo mejor es no hacer nada. Dios nos dice que estemos quietos

LLAME A UN MENTOR
no pases por una situación difícil solo

LA GENTE DE DIOS
Rodéate de hermanos y hermanas piadosos para mayor comodidad

AUTO CONTROL
CONFIANZA EN EL PODER DE DIOS, NO SOLO EN MI MISMO NI COSAS DE ESTE MUNDO

VOLUNTAD
mira donde ya te ha llevado. intentar algo diferente. prueba Dios

SER DE ESTE MUNDO
como lo hace el mundo

LAMENTO VERGÜENZA CULPA
esto viene de Satanás, no de Dios

LO QUE NO DEBO HACER
APARTARSE DE DIOS

PRINCIPIO 4
Triunfar a través de la resistencia

La perseverancia y la determinación son fruto de la resistencia. Comenzaremos a ver la renovación de la transformación redentora a través de Jesús en nuestras vidas y en quienes nos rodean. Ha ocurrido un renacimiento y es a través de confiar en el poder de Jesús que podemos ver una vida mejor para nosotros en el futuro. Para muchos de nosotros, nunca podríamos haber soñado que nos liberaríamos de la esclavitud de la adicción y el sufrimiento.

ESCRITURA RELACIONADA:

"No, amados hermanos, no lo he logrado, pero me concentro únicamente en esto: olvido el pasado y fijo la mirada en lo que tengo por delante, y así avanzo hasta llegar al final de la carrera para recibir el premio celestial al cual Dios nos llama por medio de Cristo Jesús. ".
(Filipenses 3: 13-14 NTV)

¿De dónde viene nuestra fuerza para soportar?

En nuestro crecimiento espiritual de confiar en Dios, aprender Su verdad y apartarnos de nuestros viejos comportamientos pecaminosos hacia una nueva forma de vivir, a la manera de Dios, nos hacemos más fuertes. **La consistencia trae confianza y confianza en el poder de Dios, la gracia y la misericordia produce una confianza más fuerte de que Dios es fiel una y otra vez.**

Nuestro Padre que está en los cielos nos está cuidando mientras las Escrituras dicen: "Levanto la vista hacia las montañas, ¿viene de allí mi ayuda? ¡Mi ayuda viene del Señor, quien hizo el cielo y la tierra! Él no permitirá que tropieces; el que te cuida no se dormirá. En efecto, el que cuida a Israel nunca duerme ni se adormece. ¡El Señor mismo te cuida! El Señor está a tu lado como tu sombra protectora. El sol no te hará daño durante el día, ni la luna durante la noche. El Señor te libra de todo mal y cuida tu vida. El Señor te protege al entrar y al salir, ahora y para siempre.". (Salmo 121 NTV) Cuatro de estos ocho versículos menciona que Dios nos cuida. Yo diría que es consistente y estamos aprendiendo que podemos confiar en el carácter consistente de Dios.

Es un proceso

Hemos escuchado que "la vida es un viaje". Y así es en nuestro viaje con nuestro creador: debemos soportar la vida en la tierra. Y debido a que este es un mundo caído (pecaminoso), siempre experimentaremos pruebas que pondrán a prueba nuestra fe. El apóstol Pedro nos dice: "Así que alégrense de verdad. Les espera una alegría inmensa, aunque tienen que soportar muchas pruebas por un tiempo breve. Estas pruebas demostrarán que su fe es auténtica. Está siendo probada de la misma manera que el fuego prueba y purifica el oro, aunque la fe de ustedes es mucho más preciosa que el mismo oro. Entonces su fe, al permanecer firme en tantas pruebas, les traerá mucha alabanza, gloria y honra en el día que Jesucristo sea revelado a todo el mundo ". (1 Pedro 1: 6-7 NTV). Estamos corriendo para ganar una carrera. Y como un atleta, debemos correr con resistencia, no solo salir corriendo de la línea de salida, solo para cansarnos al final.

¿Fallaremos a veces? Absolutamente. Pero debemos esforzarnos por nunca rendirnos. Y podemos descansar en esta verdad: "Y estoy seguro de que Dios, quien comenzó la buena obra en ustedes, la continuará hasta que quede completamente terminada el día que Cristo Jesús vuelva.". (Filipenses 1: 6 NTV)

Una perspectiva cambiada

En nuestra adicción, nunca podríamos ser consistentes con nada. Debido a que confiamos en nuestra propia fuerza de voluntad y no en la fuerza de Dios, nunca podríamos soportar. Perdimos la confianza en nosotros mismos para lograr cualquier objetivo a largo plazo. Eran simplemente sueños, expectativas hipotéticas. Sin entregar el control de nuestra vida a Dios, nuestros sueños y expectativas se derivaron de la perspectiva del mundo. Para empezar, los objetivos que estábamos tratando de lograr eran mentiras poco realistas. El mundo nos decía que para ser felices en la vida teníamos que ganar mucho dinero, conducir un coche bonito, vivir en una casa grande y casarnos con una estrella de cine. La verdad de Dios es que si no nos estamos acercando a Él, haciendo que nuestra relación con Él sea lo más importante en nuestra vida, seremos miserables.

Incluso si obtuviéramos todo lo que el mundo nos dice que debemos ser felices, siempre habrá algo que falte. Nunca estaremos satisfechos.

Pedro comparte este importante misterio de nuestra relación duradera con Dios: "Ustedes aman a Jesucristo a pesar de que nunca lo han visto. Aunque ahora no lo ven, confían en él y se gozan con una alegría gloriosa e indescriptible. La recompensa por confiar en él será la salvación de sus almas". (1 Pedro 1: 8-9 NTV). "¡¡"Alegría inexpresable" significa una alegría que ni siquiera puedes expresar, explicar o transmitir! Yo diría que es una vida a la que no le falta Dios sabía que lucharíamos contra cualquier cosa, sin un agujero que llenar y siempre satisfecho. ¿Cómo es esto posible cuando vivimos en un mundo caído? "Para los hombres es imposible aclaró Jesús, mirándolos fijamente, mas para Dios todo es posible." (Mateo 19:26 NVI)

Nuestro viaje a través de esta vida nos está refinando, transformándonos y purificándonos para algo mucho más grande. Estas son nuestras pruebas. Nuestra esperanza descansa en la promesa de Dios de vida eterna para todos los que creen en Él. Es esta perspectiva la que nos permite tener la paz que necesitamos en esta vida y soportar todo lo que nos confronta. Pablo incluso nos dice que esta perspectiva es el secreto de la vida. "Sé vivir con casi nada o con todo lo necesario. He aprendido el secreto de vivir en cualquier situación, sea con el estómago lleno o vacío, con mucho o con poco ". (Filipenses 4:12 NTV)

Si vivimos para algo diferente de lo que el mundo puede proporcionar, entonces debería cambiar la forma en que nos sentimos y pensamos sobre las circunstancias de nuestra vida. Nuestro enfoque cambia a algo nuevo.

Dios sabía que lucharíamos

Santiago, el medio hermano de Jesús, dedicó todo el primer capítulo de su libro en el Nuevo Testamento sobre la resistencia. Una relación fuerte con Dios perdura, produce buenos frutos, cambia nuestros deseos y tiene una fe que sabe con confianza que Dios nos proporcionará alimento espiritual y físico. Esta misma fe fuerte también encuentra gozo en tiempos de problemas y sufrimiento, porque sabemos que Dios nos hará crecer y nos hará más fuertes a través de ellos si confiamos en estas promesas. "Dios bendice a los que soportan con paciencia las pruebas y las tentaciones, porque después de superarlas, recibirán la corona de vida que Dios ha prometido a quienes lo aman. (Santiago 1:12 NTV)

La prueba y la tentación son dos cosas completamente diferentes. Como un padre amoroso, Dios nos probará por la oportunidad de crecer y ser más fuertes. Estamos entrenando para ser soldados de Dios y Él tiene un propósito para nosotros. Dios NUNCA nos tienta. "Cuando sean tentados, acuérdense de no decir: «Dios me está tentando». Dios nunca es tentado a hacer el mal y jamás tienta a nadie. La tentación viene de nuestros propios deseos, los cuales nos seducen y nos arrastran. ". (Santiago 1: 13-14 NTV)

Con la adicción, podemos estar tan decididos a obtener algo que nada se interpondrá en nuestro camino. Para muchos de nosotros fue la determinación diaria de obtener las drogas que necesitábamos para escapar de esta vida y vivir en la negación de que todo estaba bien. Hoy en día, podemos estar tan decididos cada día a soportar nuestra fe, crecer constantemente en la verdad de Dios, arrepentirnos de las cosas en las que fallamos y, lo más importante, nunca rendirnos. No hay absolutamente nada en este mundo que nos pueda quitar eso. Dios puede estar tan determinado a proteger a sus seguidores como Jesús nos dice: "Mis ovejas escuchan mi voz; yo las conozco, y ellas me siguen. Les doy vida eterna, y nunca perecerán. Nadie puede quitármelas, porque mi Padre me las ha dado, y él es más poderoso que todos. Nadie puede quitarlas de la mano del Padre". (Juan 10: 27-29 NTV)

Como Dios nos hizo

Dios nos hizo a cada uno de una manera especial y para un propósito especial. La mayoría de nosotros usamos estas características de neustras mismos de manera incorrecta. Imagine nuestras fortalezas, los mejores aspectos de nosotros mismos y cómo, si no los hubiésemos utilizado para manipular a otros, asegurar nuestros propios deseos egoístas, actuar en modo de supervivencia o usar nuestras pasiones y amor por los demás de la manera incorrecta, podríamos haberlas usado de una manera diferente, de la manera en que Dios nos lo propuso. Dios no crea errores. ¡NO SOMOS UN ERROR! Nuestros errores estuvieron en las decisiones equivocadas que tomamos con la vida que Dios nos dio. La verdadera pregunta es ¿cómo usaremos el resto de nuestra vida para utilizar las características y fortalezas con las que Dios nos creó para agradar a Dios y recibir la paz que Él promete? Este es nuestro nuevo enfoque.

Palabra clave para el principio 4:

[Atención]

Aquí hay Algunas Herramientas Para ayudarlo a soportar

Un acto de concentrar interés o actividad en algo.

Si vamos a aguantar, debemos ENFOCAR toda nuestra energía en CONFIANZA en Dios, aprender Su VERDAD y VOLVER de una vida de pecado, y cambiar nuestra dirección.

1. **Evite culpar a nuestras circunstancias pasadas hechos por otros o por nosotros mismos para justificar no avanzar en una vida centrada en Cristo.** Esto carece de sabiduría y resistencia. Eso no significa que debamos evitar obtener ayuda si es necesario, pero no debemos aislarnos de nuestra culpa y vergüenza. Estas cosas no vienen de Dios.

2. **Podemos juzgar nuestro nivel de resistencia por los frutos que estamos produciendo.** Encuentre un compañero responsable y ayúdense mutuamente con esto. Ver Gálatas 6: 16-26 para una lista de buenos frutos versus malos frutos.

3. **Lea las escrituras y otros autores que dicen la verdad de Dios.** Testos revelarán cómo Dios está con nosotros y nunca nos dejará. También nos enseñará cómo vivir en esta vida y prepararnos para la próxima. Recomiendo estos libros en la biblia: 1Pedro, Filipenses, JSantiago. Y este libro del autor y pastor Rick Warren, "The Purpose Driven Life". Esto no solo le dará una nueva perspectiva sobre su vida, sino que lo ayudará a comprender su propósito creado por Dios.

4. **Compañerismo con otros creyentes que tienen ideas afines y compartir un viaje similar.** Ejemplo, hermanos y hermanas en Cristo que tienen o están pasando la adicción con resistencia. Apoyarse, aprender y apoyarse mutuamente en nuestro progreso.

Principio 4
Estudio:

PREGUNTAS

1. Escriba una lista de sus fortalezas, talentos y mejores características. (Estos deberían ser adjetivos que te describan a ti mismo. (Es posible que quieras pedir ayuda a otros que te conocen bien)

_____ _____
_____ _____
_____ _____
_____ _____
_____ _____
_____ _____
_____ _____
_____ _____
_____ _____
_____ _____
_____ _____

2a. Si murieras hoy, ¿cuál sería tu legado? (¿Por qué el mundo te recordará?)

_____
_____
_____
_____
_____
_____
_____
_____
_____
_____
_____
_____
_____

2b. Basado en la lista de sus respuestas en la pregunta # 1, ¿cómo se vería diferente su legado si los hubiera usado para vivir para Dios? ¿Qué notas sobre los dos legados diferentes?

_____
_____
_____
_____
_____
_____
_____
_____
_____
_____
_____
_____
_____
_____
_____
_____
_____
_____
_____

3. Lee, Santiago 1:5-8 y luego al menos otras dos escrituras donde Dios respondió la oración de alguien en la Biblia.

_____
_____
_____
_____
_____
_____
_____
_____
_____
_____
_____
_____
_____
_____
_____
_____
_____
_____

Dios dice que si le pedimos ayuda, nos la dará. Sin embargo, si tenemos dudas de que Dios entregará su ayuda, no debemos esperar nada de él.

_____
_____
_____
_____
_____
_____
_____
_____
_____

Principios en revisión:

PRINCIPIO UNO - Deseo de bondad:

[Confiar]

Jesús es quien dice ser y su muerte y resurrección lavaron nuestros pecados, permitiéndonos tener una relación con Dios. No es que hayamos hecho nada para ganarlo, sino que es un regalo gratuito de la gracia de Dios. Si creemos sinceramente con nuestros corazones en esta verdad y le pedimos a Jesús que venga a nuestra vida y le pidamos sinceramente su perdón por vivir una vida de pecado, viviremos por la eternidad con Él en un lugar que Él nos está preparando. *"Pues Dios amó tanto al mundo que dio a su único Hijo, para que todo el que crea en él no se pierda, sino que tenga vida eterna".* (Juan 3:16 NTV)

PRINCIPIO DOS -Deseo de conocimiento y sabiduría:

[Verdad]

¿Estás adquiriendo una nueva comprensión de cómo cambiar el camino de tu vida? ¿Sabes lo que Dios está tratando de enseñarte sobre esto? Si has dicho que sí al Principio Uno, tienes una nueva vida, has renacido, apartado y eres un extranjero en este mundo y ahora un ciudadano del cielo. ¿Estás leyendo la Biblia, aprendiendo sobre la verdad de Dios y su reino (el cielo)? ¿Te estás rodeando de otros como tú? ¿Te estás protegiendo de las malas decisiones y solo estás confiando en la verdad de Dios y no en lo que el mundo te dice? RECUERDA, ESTAMOS EN ESTE MUNDO NO DE ESTE MUNDO. *"'En cambio, nosotros somos ciudadanos del cielo, de donde anhelamos recibir al Salvador, el Señor Jesucristo".* (Filipenses 3:20 NVI) *"'Por lo tanto, ustedes ya no son extraños ni extranjeros, sino conciudadanos de los santos*

y miembros de la familia de Dios". (Efesios 2:19 NVI)
"'Pues ustedes han nacido de nuevo, no de simiente perecedera, sino de simiente imperecedera, mediante la palabra de Dios que vive y permanece". (1 Pedro 1:23 NTV)

PRINCIPIO TRES
-Buscando autocontrol e integridad:

[Giro]

Tenemos una opción en la vida. Para seguir viviendo como nosotros o para buscar una nueva forma. Elegir una vida de vergüenza y culpa y todas las circunstancias que nos separan de Dios nos llevarán al dolor y al sufrimiento, y finalmente a la muerte eterna y a la separación de Dios. Por otro lado, Dios nos promete que tendremos vida eterna con Él para siempre y paz en la tierra si elegimos creer en Él y obedecer Sus mandamientos. Las escrituras están llenas de la verdad de Dios sobre la muerte y la vida. No necesita buscar en ninguna otra parte estas respuestas. Entregar su vida a Jesucristo, el que ya ha pagado el precio de su pecado, permite que el Espíritu de Dios nos dé el autocontrol necesario para tener éxito en este mundo. Recuerde, no es lo que deja de hacer, sino lo que comienza a hacer. Comience a confiar en Dios hoy. *"'No quiero que mueras, dice el Señor Soberano. ¡Cambia de rumbo y vive!' (Ezequiel 18:32 NTV)*

PRINCIPIO CUATRO
-Triunfar a través de la resistencia:

[Atención]

En lo que nos centramos es en lo que hacemos mejor. Centrarse en nuestro pasado, por ejemplo, solo nos mantiene en el pasado. ¡Hoy, podemos enfocarnos en hoy y en nuestro futuro eterno en el cielo con un Dios que nos amará y protegerá para siempre! La buena noticia es que este viaje ya ha sido planeado y se nos ha prometido. Si creemos esto, debería cambiar la forma en que vemos la vida. Las cosas que solían consumir nuestra energía y tiempo y nos mantenían distraídos de una relación con Dios, viviendo así en el caos, ya no deberían ser nuestro enfoque. La misma dedicación y determinación que pasamos persiguiendo estas cosas ahora puede ser rediseñada de una mejor manera. Nuestras fortalezas, talentos y pasiones dados por Dios pueden darnos un nuevo sentido de dirección y propósito en la vida si se usan de la manera en que Dios los diseñó para nosotros. La paz y la alegría en esta vida que viene con consistencia y resistencia al confiar en Dios y sus verdades se puede lograr. Todo es cuestión de enfoque.

 Lo que debemos hacer o confiar

 Lo que NO debemos hacer y NO confiar

DIOS
¿CUÁNTO TIEMPO PASAMOS CON ÉL?

ORAR	STUDY	"EN" ESTE MUNDO	LA GENTE DE DIOS
por sabiduría y fe entonces espera una respuesta	ree la verdad de – Dios La biblia	debes ser "apartado" de este mundo. pregúntate, ¿qué haría Jesús?	hacer nuevos amigos. Amigos piadosos

¿CUÁL ES MI ENFOQUE?
CUANDO NOS ACERCAMOS A DIOS, ÉL SE ACERCA MÁS A NOSOTROS, POR LO TANTO RESISTIMOS.

NEGACIÓN SOBRE MI VALOR	"DE" ESTE MUNDO	AISLAMIENTO O MISMAS PERSONAS, LUGARES Y COSAS
Satanás nos dice que no somos dignos y que no tenemos ningún propósito.	actuando como lo hace el mundo y no "apartado"	hacer lo mismo produce los mismos resultados

¿CUÁNTO TIEMPO PASAMOS CON EL MUNDO?

PRINCIPIO 5
Buscando una vida de piedad
–Paz en Cristo

Habrá un día en el que no tendremos miedo de nuestro pasado y no tendremos miedo del presente ni del futuro. Esta es la "paz" que Jesús nos promete si confiamos en Él y en Su Espíritu para transformar nuestras vidas para ser más como Él.

Cuando reflejamos quién es Cristo, su carácter y su espíritu (Gálatas 5: 22-23), podemos ver el estándar de Dios para la perfección. Aunque nunca seremos perfectos, tenemos la perfección en Cristo que ha pagado el precio de nuestras imperfecciones de una vez por todas. Ya no necesitamos cargar con nuestra culpa y vergüenza.

Tendremos nuevos deseos, eliminando los viejos, y continuaremos creciendo en nuestro conocimiento de nuestro Señor y viviendo una vida sagrada, apartada.

ESCRITURA RELACIONADA:

"La paz les dejo; mi paz les doy. Yo no se la doy a ustedes como la da el mundo. No se angustien ni se acobarden." (Juan 14:27 NVI)

"Por lo tanto, vivan como hijos obedientes de Dios. No vuelvan atrás, a su vieja manera de vivir, con el fin de satisfacer sus propios deseos. Antes lo hacían por ignorancia, pero ahora sean santos en todo lo que hagan, tal como Dios, quien los eligió, es santo. Pues las Escrituras dicen: Sean santos, porque yo soy santo". (1 Pedro 1: 14-16 NTV)

El miedo mata todo

Instintivamente, los humanos eligen entre luchar o huir en cualquier situación. Con razón, hay buenas razones para hacer ambas cosas. Estos instintos están diseñados por Dios para nuestra protección. Pero, ¿cómo sabemos qué opción es la correcta? Dios nos dice que le preguntemos. "Busqué al Señor, y él me respondió; me libró de todos mis temores. ". (Salmo 34: 4 NVI). "Sigue pidiendo y recibirás lo que pides; sigue buscando y encontrarás; sigue llamando, y la puerta se te abrirá." (Mateo 7: 7 NTV)

Para la mayoría de nosotros, elegimos huir. No nos sentimos cómodos con el conflicto y queremos mantener las cosas como están, así que nos resistimos al cambio. Cuando tenemos miedo, nos impide actuar, aprender cosas nuevas y generar confianza en que podemos manejar cualquier desafío. Dios nos dice que cuando confiamos en Él, nos protege, abre puertas y nos guía en la dirección correcta. Recuerde, estamos pasando por una transformación para llegar a ser más como Cristo, no como el mundo. Cualquier cambio en nuestras vidas puede ser estresante, desafiante y ... aterrador. Debemos inclinarnos hacia Dios durante este tiempo. "El Señor está de mi parte, por tanto, no temeré. ¿Qué me puede hacer un simple mortal?" (Salmo 118: 6 NTV) "Yo soy el Señor, Dios de todos los pueblos del mundo. ¿Hay algo demasiado difícil para mí?" (Jeremías 32:27 NTV).

Hay paz en conocimiento

Para muchos de nosotros, puede ser más fácil creer en la identidad de Dios, cómo Cristo murió por nuestra salvación y las promesas de protección, provisión y vida eterna de Dios, que creer lo que Dios dice que es verdad acerca de nuestra identidad una vez que llegamos a creer. Debido a este pensamiento erróneo, tendemos a poner excusas como: "No soy lo suficientemente bueno, hay algo mal en mí", o más comúnmente, "funciona para algunas personas, pero yo no". Si fuéramos realmente capaces de vernos a nosotros mismos como lo hace Dios, cubiertos en la sangre de Jesús, justos ante Él, perdonados, comprados y ahora pertenecientes a su familia, seríamos más capaces de dejar de maltratarnos, renunciar y culparnos a nosotros mismos. e incluso Dios por cometer un error. El creador de todas las cosas no comete errores.

Como creyentes, no seremos perfectos y, a veces, seguiremos siendo infieles a Dios, pero nunca perderemos el regalo de salvación que ya nos ha sido dado libremente. Nuestra perfección ha sido establecida por la muerte de Cristo en la cruz y Dios nos ha dado una nueva identidad. En cuanto a los no creyentes, es la acción decidida de reconocer que necesitamos a Dios, para estar tristes de nuestros pecados contra Él, y creer que ya ha pagado el precio por la muerte de Su hijo Jesucristo. Luego le pedimos que sea el gobernante de nuestra vida y aceptemos Su promesa de que viviremos en la eternidad con Él. **ÉSTAS SON LAS BUENAS NOTICIAS!!** Las elecciones que hacemos son la de vivir en la plenitud de Dios y nuestro compromiso con Su gloria y recibir las maravillosas promesas que conlleva, O seguir tomando decisiones tontas y egoístas que también han prometido consecuencias.

Si somos sinceros acerca de esta verdad mencionada, seremos transformados y **buscaremos una vida de piedad**, serviremos a nuestro Señor y lo glorificaremos en todo lo que hagamos, por lo tanto, nuestros deseos serán nuevos y disfrutaremos de la paz que Dios nos dará. Sin embargo, si no somos sinceros y volvemos a **identificarnos con un estilo de vida impío** y nunca rendimos nuestra vida a Jesús, no estamos mejor que antes. Sin cambiar, muriendo, sin esperanza, aún perdido. ¿Quién tiene la autoridad para decidir? Solo Dios puede condenarnos porque solo Dios conoce nuestros verdaderos corazones. "Yo, el Señor, sondeo el corazón y examino los pensamientos, para darle a cada uno según sus acciones y según el fruto de sus obras". (Jeremías 17:10 NVI) Y no se equivoquen, cómo nos juzgamos a nosotros mismos no tiene valor para Dios. "Entonces les dijo: Vosotros sois los que os justificáis a vosotros mismos delante de los hombres; mas Dios conoce vuestros corazones; porque lo que los hombres tienen por sublime, delante de Dios es abominación ". (Lucas 16:15 NVI) Comparar nuestras vidas con lo que NOSOTROS pensamos que es correcto y justo para los estándares del mundo no es la salvación. Ser una "buena persona" no califica.

Dios sabía todo lo que encontraríamos hace 4.000 años, hoy y en el futuro. No necesitamos buscar en otro lado para entender cómo vivir una vida piadosa. "Así que preparen su mente para actuar y ejerciten el control propio. Pongan toda su esperanza en la salvación inmerecida que recibirán cuando Jesucristo sea revelado al mundo. Por lo tanto, vivan como hijos obedientes de Dios. No vuelvan atrás, a su vieja manera de vivir, con el fin de satisfacer sus propios deseos. Antes lo hacían por ignorancia, pero ahora sean santos en todo lo que hagan, tal como Dios, quien los eligió, es santo". (1 Pedro 1: 13-15 NTV) No podemos simplemente justificar lo que creemos que es "justo" sobre la base de los estándares humanos. Debemos recurrir a Dios, su verdad y confiar en él. "En efecto, ¿quién conoce los pensamientos del ser humano sino su propio espíritu que está en él? Así mismo, nadie conoce los pensamientos de Dios sino el Espíritu de Dios ". (1 Corintios 2:11 NVI) La buena noticia es que tenemos los estándares de Dios disponibles para nosotros. Se nos presentan en la Biblia y, como ya hemos aprendido en el principio 2., "Toda la Escritura es inspirada por Dios y es útil para enseñarnos lo que es verdad y para hacernos ver lo que está mal en nuestra vida.

Nos corrige cuando estamos equivocados y nos enseña a hacer lo correcto. Dios la usa para preparar y capacitar a su pueblo para que haga toda buena obra. ". (2 Timoteo 3: 16-17 NTV) Como creyentes, también tenemos el Espíritu de Dios que reside en nosotros, lo que nos dice la verdad y nos ayuda a discernir lo que es correcto y santo. "Pero el Consolador, el Espíritu Santo, a quien el Padre enviará en mi nombre, les enseñará todas las cosas y les hará recordar todo lo que les he dicho". (Juan 14:26 NVI)

Vida cristiana

No siempre es fácil ser cristiano. Vivimos en un mundo que está en contraste con un estilo de vida piadoso. En el principio cuatro, aprendimos a mantenernos enfocados en Dios porque esta vida es una prueba, una oportunidad para que crezcamos fuertes en nuestra fe. No podemos permitirnos estar a ambos lados de la cerca sobre esto. Jesús nos dice: "El que no está conmigo, a mí se opone, y el que no trabaja conmigo, en realidad, trabaja en mi contra". (Mateo 12:30 NTV) Entonces, el hermano de Jesús, Santiago, nos da a ambos una afirmación del amor de Dios y la transformación que debe hacerse para recibirlo. "Acercaos a Dios, y él se acercará a vosotros. Pecadores, limpiad las manos; y vosotros los de doble ánimo, purificad vuestros corazones". (Santiago 4: 8 NVI) No hay área gris aquí. Muchos hoy dicen que creen en Jesús pero no viven la vida cristiana, esta no es la vida que Dios nos llama a vivir. "No fue esta la enseñanza que ustedes recibieron acerca de Cristo, si de veras se les habló y enseñó de Jesús según la verdad que está en él. Con respecto a la vida que antes llevaban, se les enseñó que debían quitarse el ropaje de la vieja naturaleza, la cual está corrompida por los deseos engañosos; ser renovados en la actitud de su mente; y ponerse el ropaje de la nueva naturaleza, creada a imagen de Dios, en verdadera justicia y santidad. ". (Efesios 4: 20-24 NVI) Nuevamente, debemos entender todo esto desde una perspectiva diferente, no la nuestra. Racionalizar la visión del hombre de la verdad adoptada NO es cómo Dios nos juzgará al final. "No lo recibí ni lo aprendí de ningún ser humano, sino que me llegó por revelación de Jesucristo". (Gálatas 1:12 NVI)

Jesús mismo fue rechazado por vivir una vida santa, no debemos esperar menos. Somos las "piedras" que Dios está usando para construir su iglesia y nuestras vidas son para reflejar la Piedra Angular, Jesús, que Dios envió antes que nosotros. Estas mismas piedras (Jesús y sus creyentes) causarán controversia. Debemos esperar conflictos con los demás debido a nuestro deseo de santidad. "Ahora ustedes se acercan a Cristo, quien es la piedra viva principal del templo de Dios. La gente lo rechazó, pero Dios lo eligió para darle gran honra. Y ustedes son las piedras vivas con las cuales Dios edifica su templo espiritual. Además, son sacerdotes santos. Por la mediación de Jesucristo, ustedes ofrecen sacrificios espirituales que agradan a Dios. Como dicen las Escrituras: Pongo en Jerusalén una piedra principal, elegida para gran honra, y todo el que confíe en él jamás será avergonzado. Así es, ustedes, los que confían en él, reconocen la honra que Dios le ha dado; pero para aquellos que lo rechazan, La piedra que los constructores rechazaron ahora se ha convertido en la piedra principal. Además, Él es la piedra que hace tropezar a muchos, la roca que los hace caer tropiezan porque no obedecen la palabra de Dios y por eso se enfrentan con el destino que les fue preparado." (1 Pedro 2: 4-8 NTV)

El significado de "ofreces sacrificios espirituales que agradan a Dios" es el sufrimiento que debemos soportar al presentarnos al mundo como creyentes en Cristo.

Muchas personas no aceptarán el mensaje del Evangelio que se nos pide llevarles. Sin embargo, estamos en buena compañía, siguiendo a las muchas personas valientes de la historia que habían dedicado sus vidas a Cristo. ¡Algunos recibieron la verdad pero otros no! "¿Recuerdan lo que les dije? "El esclavo no es superior a su amo". Ya que me persiguieron a mí, también a ustedes los perseguirán. Y, si me hubieran escuchado a mí, también los escucharían a ustedes".

(Juan 15:20 NTV) Ser un servidor del mensaje no nos hace mejores que la persona con quien lo compartimos. Debemos ser humildes y gentiles, recordando la gracia que Dios nos mostró también. Simplemente se nos pide que compartamos la verdad. Dios se encargará del resto.

Nuestro propósito

En el principio dos, aprendimos a creer en la verdad de Dios contra la mentira del mundo. Dios tiene un propósito para nosotros y nos está equipando para ser la luz de Dios para el mundo. Debemos reflejar a Cristo en lo que somos y contarles a otros sobre la gracia salvadora y la redención de Dios de este mundo malvado. Arrojar nuestros viejos hábitos y comportamientos es una actividad dolorosa. Sin embargo, cuanto más avancemos en esta dirección, más recibiremos la paz de Dios. Cometeremos errores porque no somos perfectos como Cristo. Pero mientras estemos tratando sinceramente de cambiar para ser más como Cristo, y estemos pidiendo el perdón de Dios cuando fallamos, Él nos dará esta paz (sin vergüenza, sin culpa). La Biblia está llena de enseñanzas que nos muestran cómo vivir a la manera de Dios.

Jesús nos dice: "Ustedes son la sal de la tierra. Pero ¿para qué sirve la sal si ha perdido su sabor? ¿Pueden lograr que vuelva a ser salada? La descartarán y la pisotearán como algo que no tiene ningún valor. Ustedes son la luz del mundo, como una ciudad en lo alto de una colina que no puede esconderse. Nadie enciende una lámpara y luego la pone debajo de una canasta. En cambio, la coloca en un lugar alto donde ilumina a todos los que están en la casa. De la misma manera, dejen que sus buenas acciones brillen a la vista de todos, para que todos alaben a su Padre celestial. ". (Mateo 5: 13-16 NTV) Dios nos está diciendo que debemos ser un ejemplo de Cristo para que otros puedan verlo a través de nosotros y Él pueda ser glorificado. Para que se cumpla nuestro propósito, debemos reflejar el carácter de Dios viviendo una vida piadosa. Así como la sal afecta todo lo que toca, nosotros también deberíamos vivir con la plenitud del Espíritu Santo dentro de nosotros. ¿Estamos eligiendo hoy para expresar nuestra fe en la forma en que vivimos? ¿Qué estamos reflejando a los demás? Los que nos rodean deberían poder confirmar nuestro caminar con Dios.

La recompensa por una vida piadosa

Tenemos una opción en esta vida y Dios nos la da directamente. Podemos elegir una vida impía y las consecuencias que conlleva o podemos elegir el camino de Dios y cosechar las recompensas que conlleva. Nuestra salvación se promete para aquellos de nosotros que creemos y nuestra vida aquí en la tierra será más pacífica, alegre, decidida y segura, sabiendo en nuestros corazones que Dios tiene el control. Cuando aceptamos a Cristo como nuestro salvador, Él nos da su espíritu para vivir en nosotros. Podemos elegir escucharlo o no. *"y envidia; borracheras, orgías, y otras cosas parecidas. Les advierto ahora, como antes lo hice, que los que practican tales cosas no heredarán el reino de Dios. En cambio, el fruto del Espíritu es amor, alegría, paz, paciencia, amabilidad, bondad, fidelidad, humildad y dominio propio. No hay ley que condene estas cosas.."* (Gálatas 5:21-23 NVI)

Palabra clave para el principio 5: [Nuevo]

No existía antes; hecho, introducido o descubierto recientemente o ahora por primera vez.

Entregar nuestras vidas a Cristo significa que nuestro viejo yo ha sido arrastrado y somos una NUEVA creación en la familia de Dios. Vivir para Él significa cambiar nuestra identidad: quiénes somos. Con este CAMBIO viene la plenitud de la SANTIDAD de Dios, que es amor. La forma en que nos tratamos a nosotros mismos y a los demás debe estar alineada con el Espíritu de Dios. Solo entonces recibiremos Su paz y seremos una influencia para otros con nuestro testimonio. Nuestras historias individuales de nuestra transformación de nuestro viejo yo a nuestro nuevo yo son la evidencia de que otros pueden confiar cuando ven en lo que nos hemos convertido y le damos la gloria a Dios.

Aquí hay algunas herramientas para ayudarlo

1. No seas reaccionario con los demás. Espera antes de reaccionar. Esto refleja nuestra **paz en Cristo y en realidad reducirá más estrés en nuestra vida.**

2. Continúe orando y pidiéndole respuestas a Dios. Nunca se cansa de que preguntemos, incluso si las preguntas son las mismas. Él está probando nuestra fe en Él.

3. Es difícil ser una persona piadosa alrededor de otros que no buscan a Dios en sus vidas. Está bien testificar a otros sobre lo que Dios ha hecho en su vida, pero no podemos permitirnos ser tentados repetidamente en estos entornos. Esto también significa lugares y cosas que no son piadosas.

4. Ser como alguien más significa que necesitaremos rodearnos de los intereses de esa persona. Si somos nuevos en Cristo debemos mantenernos enfocados en lo que le importa a Dios.

Principio 5
Estudio:

PREGUNTAS

1. ¿Puedes reflexionar sobre los cambios en ti mismo que son diferentes que antes? Escríbelos. (¿Qué tiene de diferente tu carácter? Ej. Soy más generoso).

_____
_____
_____
_____
_____
_____
_____
_____
_____
_____
_____
_____
_____
_____
_____
_____
_____
_____
_____

2. ¿Has notado
un cambio
positivo en los
que te rodean?
Viejos amigos,
familiares, etc.
que pueden
actuar de manera
diferente cuando
hablan de ti o
cuando estás
cerca o incluso
cuando no estás.
Escribe algunos
ejemplos abajo.

_____
_____
_____
_____
_____
_____
_____
_____
_____
_____
_____
_____
_____
_____
_____
_____
_____
_____

3. ¿Cuál es su
comprensión
sobre las
características de
Dios que nos han
sido reveladas
en la Biblia?
Encuentre algunos
versículos en
las escrituras
que validen su
comprensión.

_____
_____
_____
_____
_____
_____
_____
_____
_____
_____
_____
_____
_____
_____
_____
_____
_____
_____

4. ¿Cuál de estas características de Dios se puede decir de ti ahora?

_____

_____

_____

_____

_____

_____

_____

_____

_____

_____

5. ¿Cuáles han sido algunas luchas para ti después de tu transformación? ¿Te encuentras volviendo a tu antiguo yo a veces? Cuando lo haces, ¿te sientes diferente que antes cuando no conocías a Cristo? Explique.

_____

_____

_____

_____

_____

_____

_____

_____

_____

_____

_____

_____

_____

6. De esta lista, marque en la escala cómo se identifica con cada uno: "1" el mejor.

Sacerdote	1	2	3	4	5
	☐	☐	☐	☐	☐
Justo	1	2	3	4	5
	☐	☐	☐	☐	☐
Santo	1	2	3	4	5
	☐	☐	☐	☐	☐
Inocente	1	2	3	4	5
	☐	☐	☐	☐	☐

7. **Como creyentes, Dios dice que somos santos, sin mancha, sacerdotes y justos delante de Él por medio de la sangre de Cristo. ¿Te identificas con esto o te parece extraño?**

_____
_____
_____
_____
_____
_____
_____
_____
_____
_____
_____
_____
_____

8. **Lea estas escrituras: Jeremías 1: 5, Colosenses 1:22, 1 Pedro 2: 9, Efesios 4:24, Gálatas 3: 27-28, 2 Corintios 5:17, Juan 15:15. Luego califícate de nuevo:**

Sacerdote 1 2 3 4 5
☐ ☐ ☐ ☐ ☐

Justo 1 2 3 4 5
☐ ☐ ☐ ☐ ☐

Santo 1 2 3 4 5
☐ ☐ ☐ ☐ ☐

Inocente 1 2 3 4 5
☐ ☐ ☐ ☐ ☐

Principios en revisión:

PRINCIPIO UNO
Deseo de bondad:

[Confiar]

Jesús es quien dice ser y su muerte y resurrección lavaron nuestros pecados, permitiéndonos tener una relación con Dios. No es que hayamos hecho nada para ganarlo, sino que es un regalo gratuito de la gracia de Dios. Si creemos sinceramente con nuestros corazones en esta verdad y le pedimos a Jesús que venga a nuestra vida y le pidamos sinceramente su perdón por vivir una vida de pecado, viviremos por la eternidad con Él en un lugar que Él nos está preparando. "Pues Dios amó tanto al mundo que dio a su único Hijo, para que todo el que crea en él no se pierda, sino que tenga vida eterna". (Juan 3:16 NTV)

PRINCIPIO DOS
Deseo de conocimiento y sabiduría:

[Verdad]

¿Estás adquiriendo una nueva comprensión de cómo cambiar el camino de tu vida? ¿Sabes lo que Dios está tratando de enseñarte sobre esto? Si has dicho que sí al Principio Uno, tienes una nueva vida, has renacido, apartado y eres un extranjero en este mundo y ahora un ciudadano del cielo. ¿Estás leyendo la Biblia, aprendiendo sobre la verdad de Dios y su reino (el cielo)? ¿Te estás rodeando de otros como tú? ¿Te estás protegiendo de las malas decisiones y solo estás confiando en la verdad de Dios y no en lo que el mundo te dice? RECUERDA, ESTAMOS EN ESTE MUNDO NO DE ESTE MUNDO. "'En cambio, nosotros somos ciudadanos del cielo, de donde anhelamos recibir al Salvador, el Señor Jesucristo". (Filipenses 3:20 NVI) "'Por lo tanto, ustedes ya no son extraños ni extranjeros, sino conciudadanos de los santos y miembros de la familia de Dios". (Efesios 2:19 NVI) "'Pues ustedes han nacido de nuevo, no de simiente perecedera, sino de simiente imperecedera, mediante la palabra de Dios que vive y permanece". (1 Pedro 1:23 NTV)

PRINCIPIO TRES
-Buscando autocontrol e integridad:

[Giro]

Tenemos una opción en la vida. Para seguir viviendo como nosotros o para buscar una nueva forma. Elegir una vida de vergüenza y culpa y todas las circunstancias que nos separan de Dios nos llevarán al dolor y al sufrimiento, y finalmente a la muerte eterna y a la separación de Dios. Por otro lado, Dios nos promete que tendremos vida eterna con Él para siempre y paz en la tierra si elegimos creer en Él y obedecer Sus mandamientos. Las escrituras están llenas de la verdad de Dios sobre la muerte y la vida. No necesita buscar en ninguna otra parte estas respuestas. Entregar su vida a Jesucristo, el que ya ha pagado el precio de su pecado, permite que el Espíritu de Dios nos dé el autocontrol necesario para tener éxito en este mundo. Recuerde, no es lo que deja de hacer, sino lo que comienza a hacer. Comience a confiar en Dios hoy. "'No quiero que mueras, dice el Señor Soberano. ¡Cambia de rumbo y vive!' (Ezequiel 18:32 NTV)

PRINCIPIO CUATRO
-Triunfar a través de la resistencia:

[Atención]

En lo que nos centramos es en lo que hacemos mejor. Centrarse en nuestro pasado, por ejemplo, solo nos mantiene en el pasado. ¡Hoy, podemos enfocarnos en hoy y en nuestro futuro eterno en el cielo con un Dios que nos amará y protegerá para siempre! La buena noticia es que este viaje ya ha sido planeado y se nos ha prometido. Si creemos esto, debería cambiar la forma en que vemos la vida. Las cosas que solían consumir nuestra energía y tiempo y nos mantenían distraídos de una relación con Dios, viviendo así en el caos, ya no deberían ser nuestro enfoque. La misma dedicación y determinación que pasamos persiguiendo estas cosas ahora puede ser rediseñada de una mejor manera. Nuestras fortalezas, talentos y pasiones dados por Dios pueden darnos un nuevo sentido de dirección y propósito en la vida si se usan de la manera en que Dios los diseñó para nosotros. La paz y la alegría en esta vida que viene con consistencia y resistencia al confiar en Dios y sus verdades se puede lograr. Todo es cuestión de enfoque.

PRINCIPIO CINCO
-Buscando una vida de piedad:

[Nuevo]

Dios nos creó con un propósito. Nacer de nuevo no es solo para nuestro propio beneficio. Dios tiene una misión para nosotros. Cuando se le preguntó cuál es el mandamiento más importante, Jesús respondió: "Ama al Señor tu Dios con todo tu corazón, con toda tu alma y con toda tu mente". Este es el primer mandamiento y el más importante. Hay un segundo mandamiento que es igualmente importante: "Ama a tu prójimo como a ti mismo". Toda la ley y las exigencias de los profetas se basan en estos dos mandamientos. ". (Mateo 22: 37-40 NTV) La solución a estos mandamientos no es posible sin ser nuevo en Cristo: vivir el carácter de Dios en nuestras propias vidas. **La fe es una acción.** Lo que hacemos demuestra quiénes somos. Primero debemos cambiarnos por dentro, amando a Dios y luego por fuera compartiendo nuestra fe con todas las personas. Debemos vivir según diferentes estándares. Dios, no el mundo. **Debemos transformarnos en algo completamente diferente y no seguir siendo quienes éramos.** Entonces podemos ser la sal de la tierra, afectando todo lo que tenemos en contacto con nuestro propósito.

 Lo que debemos hacer o confiar

 Lo que NO debemos hacer y NO confiar

NUEVA CREACIÓN
EL EJEMPLO DE JESUCRISTO

SACRIFICIO
entregándome
al servicio de los
demás

COMPASIÓN
Amar a los demás
más que a mí mismo

OBEDIENCIA
haciendo
pacientemente
lo correcto

PROPÓSITO
ser la "sal y luz"
de la tierra

TRANSFORMACIÓN
NO ES SUFICIENTE SOLO TENER FE. DEBEMOS COMPROMETERNOS A CAMBIAR NUESTRA IDENTIDAD.

AUTOVIVENCIA
sin conflicto, sin riesgo
crea una falsa
sensación
de seguridad

MIS DESEOS, MIS NECESIDADES
pensando solo
en mí

GRATIFICACIÓN INSTANTÁNEA
Lo necesito ahora no
más tarde, no hay
paciencia

NEGARSE AL CAMBIO
al menos soy mejor
de lo que solía ser

ESCUCHANDO MIS DESEOS EGOISTAS
ANTIGUA EXISTENCIA

PRINCIPIO 6
Amarnos unos a otros
–Una relacion horizontal

Habiendo obtenido nuestros nuevos frutos del Espíritu Santo los cuales son: amor, alegría, paz, paciencia, gentileza, bondad, fidelidad, 23humildad y control propio (Gálatas 5: 22-23), veremos cómo nuestros encuentros y relaciones con los demás. diferente. Servir a los demás se convertirá en nuestro nuevo deseo y buscaremos oportunidades para ayudar a aquellos que todavía están luchando. Valoraremos la vida para todas las personas, sin importar género, edad, raza, etnia, diversidad cultural o social. I deseo de glorificar a Dios en cómo nos amamos es un reflejo del diseño de Dios para la relación. Dios camina con nosotros y está entre nosotros. El es tu vecino.

ESCRITURA RELACIONADA:

"Y el Rey les responderá: "Les aseguro que todo lo que hicieron por uno de mis hermanos, aun por el más pequeño, lo hicieron por mí." (Mateo 25:40 NVI)

"Jesús contestó: Ama al Señor tu Dios con todo tu corazón, con toda tu alma y con toda tu mente". Este es el primer mandamiento y el más importante. Hay un segundo mandamiento que es igualmente importante: "Ama a tu prójimo como a ti mismo". (Mateo 22: 37-39 NTV)

"Nadie tiene amor más grande que el dar la vida por sus amigos". (Juan 15:13 NVI)

"Amor" - en que lo hemos convertido

Sin duda, la mayor lucha humana es amar algo más que a nosotros mismos. La existencia humana se basa en "¿qué hay para mí?" o "¿cómo puedo lograr todo lo que deseo?". El primer engaño de Satanás en el jardín fue el mismo. "Dios sabe muy bien que, cuando coman de ese árbol, se les abrirán los ojos y llegarán a ser como Dios, conocedores del bien y del mal". (Génesis 3: 5 NVI)

Aquí en Estados Unidos, la creencia es que "puedes ser lo que quieras ser si te lo propones". O "¡el mundo está lleno de infinitas posibilidades para USTED MISMO!" Este es el sueño americano! Sin embargo, en contraste, es el camino ancho (amplio) del que Jesús nos advierte. "Solo puedes entrar en el reino de Dios a través de la puerta angosta. La carretera al infierno es amplia y la puerta es ancha para los muchos que escogen ese camino ". (Mateo 7:13 NTV)

Esto fue predicho mucho antes de la venida de Cristo por el profeta Isaías cuando dijo: "Habrá allí una calzada que será llamada Camino de santidad. No viajarán por ella los impuros, ni transitarán por ella los necios; será solo para los que siguen el camino. ". (Isaías 35: 8 NVI) Este "camino" o "carretera" es una metáfora para viajar. La "puerta" o "camino" es también una metáfora de la experiencia que el viajero encontrará.

Dios nos dice que debemos elegir el camino que es "estrecho" o enfocado en una dirección. No hay espacio para cambiar de carril y detenerse en cada distracción entretenida a lo largo del viaje. Lo que esto significa es que debemos dejar a un lado lo que NOSOTROS queremos y, en cambio, poner toda nuestra energía en lo que Dios quiere. Deberíamos amar el camino de Dios más de lo que amamos nuestro propio camino. "Luego Jesús dijo a sus discípulos: «Si alguno de ustedes quiere ser mi seguidor, tiene que abandonar su propia manera de vivir, tomar su cruz y seguirme ". (Mateo 16:24 NTV) O como Lucas lo dice, "Entonces dijo a la multitud: «Si alguno de ustedes quiere ser mi seguidor, tiene que abandonar su propia manera de vivir, tomar su cruz cada día y seguirme. 24Si tratas de aferrarte a la vida, la perderás, pero si entregas tu vida por mi causa, la salvarás ". (Lucas 9: 23-24 NTV)

La paradoja del amor verdadero

El apóstol Pablo nos da otro entendimiento cuando dice: "Porque, si ustedes viven conforme a ella, morirán; pero, si por medio del Espíritu dan muerte a los malos hábitos del cuerpo, vivirán". (Romanos 8:13 NVI). Esto es lo que muchos creen estar "muriendo a sí mismos" para tener una verdadera relación con Dios, entre nosotros y lograr el enfoque que necesitamos para vivir para el propósito de Dios. Y es por la gracia de Dios que Él no nos deja hacer esto por nuestra cuenta. El poder del Espíritu Santo dentro de cada creyente nos permite hacer esto con éxito quitándonos la ropa del egoísmo y vistiendo las prendas del amor, el amor de Dios. No tenemos excusa para vivir nuestra naturaleza pecaminosa. "El diablo me obligó a hacerlo" no justifica a aquellos que se niegan a acatar el Espíritu de Dios.

"Tomar su cruz diariamente y seguirme" nos dice que debemos soportar a toda costa, incluso hasta la muerte, el mandamiento de amarnos unos a otros y compartir el evangelio. Esto es todo lo contrario de cómo el mundo define el amor, el amor por uno mismo. "Así mismo serán perseguidos todos los que quieran llevar una vida piadosa en Cristo Jesús, mientras que esos malvados embaucadores irán de mal en peor, engañando y siendo engañados.". (2 Timoteo 3:12-13 NVI)

El amor es definido por Dios. Y Dios ES amor. Los Diez Mandamientos se pueden clasificar en dos cosas: amar a Dios y amar a los demás. "Toda la ley y las exigencias de los profetas se basan en estos dos mandamientos". (Mateo 22:40 NTV) Jesús condena a los líderes de la ley religiosa porque no tenían piedad de los demás. Lea "los siete males". Mateo 23. Su búsqueda de la justicia se basó en sí mismos y en cómo los benefició. Pero Cristo da nosotros un ejemplo de cómo será el día del juicio cuando hable de aquellos que le sirvieron bien. (Mateo 25: 31-46).

Lo interesante es señalar cómo Jesús nos da esta nueva perspectiva de amar a Dios: "Hay un segundo mandamiento que es igualmente importante: "Ama a tu prójimo como a ti mismo". Mateo 22:39 NTV ¡Guau! ¡Esto significa que amar a nuestro prójimo es en realidad amar a Dios! El vecino, por cierto, es cualquiera excepto nosotros mismos y no necesariamente solo aquellos que son amables con nosotros. "Pero a ustedes que me escuchan les digo: Amen a sus enemigos, hagan bien a quienes los odian" (Lucas 6:27 NVI). Saber que cuando amamos o no amamos a alguien más es en realidad cómo amamos o no amar a Dios mismo, debería cambiar la forma en que nos tratamos.

Dios tiene Dos Preguntas para ti

Pablo nos da la perspectiva más impresionante sobre el amor de Dios en 1 Corintios 13. Muchos teólogos lo han llamado el "capítulo del amor". En él, vemos cómo Dios ve el amor frente a cómo lo vemos nosotros. Puede parecer imposible para nosotros amar así, pero debemos luchar por este tipo de excelencia en el amor. Porque cuando lo hacemos, en realidad le estamos mostrando a Dios cuánto lo amamos.

Nuevamente, esto debería hacernos pensar de manera diferente sobre la próxima oportunidad que tendremos en la forma en que tratamos a otro ser humano.

¿Qué preguntas crees que Dios te hará cuando lo enfrentes el día del juicio? Muchos creen que estas preguntas podrían ser los dos valores más importantes que tenemos ante Dios. Pueden centrarse en cuánto Dios ha sido el centro de nuestra vida, nuestra relación con Él, y cómo vivimos para el reino de Dios, nuestras relaciones mutuas y cómo hemos glorificado a Dios al compartir Su evangelio. Cuando nos encontremos cara a cara con nuestro creador el día del juicio, no podremos ocultar la verdad detrás de las relaciones que hemos tenido con Él y con los demás. Puede sonar algo como esto:

1. **¿Me conoces?** – Esta pregunta determina si TÚ conoces a Dios por completo: su amor, gracia y misericordia. Comprender Su amor, gracia y misericordia (un reflejo de Él) le permite amarlo a Él y a los demás. ¿Cuánto tiempo dedicas a "conocer a Dios"? o "amar a los demás"?

2. ¿Qué hiciste con lo que te di? – Este es el fruto de conocer el amor de Dios. Cómo usaste estos dones con cómo trataste a los demás, qué hiciste con la gracia y la misericordia que Él te dio y cómo, al hacerlo, amaste a los demás de la misma manera (2 Cor. 1: 4) y participaste en el avance del Reino de Dios. "... vayan y hagan discípulos de todas las naciones". (Mateo 28:19 NTV)

Palabra clave para el principio 6
[Dar]

Proporcionar, suministrar, dejar que alguien tenga; entregar, ofrecer algo.

El verdadero dar es dar desinteresadamente. Nuestras relaciones con los demás, familiares, amigos, extraños y nuestros enemigos demuestran quiénes somos. ¿Cómo estamos tratando a los demás hoy? ¿Estamos llegando con amor? ¿O tenemos motivos ocultos cuando ayudamos a otros? ¿Cuáles son nuestros prejuicios y creencias detrás de otras razas, géneros, nacionalidades o culturas?

¿Están escondidos estos sistemas de creencias en el interior o pueden otros verlos mientras los representamos? De cualquier manera, Dios sabe la verdad y ambos se consideran lo mismo.

Aquí hay algunas herramientas para construir relaciones piadosas con otros.

1. **Sé valiente al compartir el evangelio de Jesucristo.** Y no tienes que ser un predicador para hacer esto. Simplemente puedes decirles a los demás cómo Dios te salvó de ti mismo. Solo memorice Juan 3:16.

2. **Ve y conoce a un extraño.** Conozca a alguien con quien nunca ha pasado tiempo antes. Esta persona es probablemente alguien que ya conoces.

3. **Realizar un acto de entrega desinteresada.** Esto no tiene que ser por dinero. Tu tiempo es tan precioso como el oro. Haz esto sin decirle a nadie lo que hiciste.

4. **Hacer un amigo.** Alguien con quien puede ser responsable en Cristo y entre sí. Aprenda la Palabra de Dios juntos, comparta la vida juntos y descubra algo sobre usted en el proceso. Esta persona probablemente esté más cerca de encontrar de lo que piensas.

Principio 6 Estudio:

PREGUNTAS:

1. **Explica una vez que realizaste un acto de bondad al azar. ¿Cómo te hizo sentir? Mejor aún, ¿cómo hizo sentir a la otra persona?**

_____
_____
_____
_____
_____
_____
_____
_____
_____
_____
_____
_____
_____
_____
_____

2. Lee 1 Corintios 13 y luego explica con tus propias palabras lo que Dios está tratando de revelarte en estas escrituras.

_____
_____
_____
_____
_____
_____
_____
_____
_____
_____
_____
_____
_____
_____
_____
_____
_____
_____

3. Escriba dos formas en que podría "dar". Nuevamente, esto no tiene que ser por dinero.

_____
_____
_____
_____
_____
_____
_____
_____
_____
_____
_____
_____
_____
_____
_____
_____
_____
_____

4. Encuentra los "frutos del Espíritu" en Gálatas 5 y escríbelos. Luego, escriba las características opuestas que también se encuentran allí. ¿Qué notas al comparar las dos listas?

Fruto	No Fruto
_____	_____
_____	_____
_____	_____
_____	_____
_____	_____
_____	_____
_____	_____
_____	_____
_____	_____

_____

_____

_____

_____

_____

_____

_____

_____

_____

_____

_____

_____

_____

5. Lee 2 Corintios 1: 3-4 y explica con tus propias palabras cómo se aplica esto a ti..

_____

_____

_____

_____

_____

_____

_____

_____

_____

_____

_____

_____

_____

Principios en revisión:

PRINCIPIO UNO
Deseo de
bondad:

[Confiar]

Jesús es quien dice ser y su muerte y resurrección lavaron nuestros pecados, permitiéndonos tener una relación con Dios. No es que hayamos hecho nada para ganarlo, sino que es un regalo gratuito de la gracia de Dios. Si creemos sinceramente con nuestros corazones en esta verdad y le pedimos a Jesús que venga a nuestra vida y le pidamos sinceramente su perdón por vivir una vida de pecado, viviremos por la eternidad con Él en un lugar que Él nos está preparando. "Pues Dios amó tanto al mundo que dio a su único Hijo, para que todo el que crea en él no se pierda, sino que tenga vida eterna". (Juan 3:16 NTV)

PRINCIPIO DOS
Deseo de
conocimiento y
sabiduría:

[Verdad]

¿Estás adquiriendo una nueva comprensión de cómo cambiar el camino de tu vida? ¿Sabes lo que Dios está tratando de enseñarte sobre esto? Si has dicho que sí al Principio Uno, tienes una nueva vida, has renacido, apartado y eres un extranjero en este mundo y ahora un ciudadano del cielo. ¿Estás leyendo la Biblia, aprendiendo sobre la verdad de Dios y su reino (el cielo)? ¿Te estás rodeando de otros como tú? ¿Te estás protegiendo de las malas decisiones y solo estás confiando en la verdad de Dios y no en lo que el mundo te dice? RECUERDA, ESTAMOS EN ESTE MUNDO NO DE ESTE MUNDO. "'En cambio, nosotros somos ciudadanos del cielo, de donde anhelamos recibir al Salvador, el Señor Jesucristo". (Filipenses 3:20 NVI) "'Por lo tanto, ustedes ya no son extraños ni extranjeros, sino conciudadanos de los santos y miembros de la familia de Dios". (Efesios 2:19 NVI) "'Pues ustedes han nacido de nuevo, no de simiente perecedera, sino de simiente imperecedera, mediante la palabra de Dios que vive y permanece". (1 Pedro 1:23 NTV)

PRINCIPIO TRES
-Buscando
autocontrol e
integridad:

[Giro]

Tenemos una opción en la vida. Para seguir viviendo como nosotros o para buscar una nueva forma. Elegir una vida de vergüenza y culpa y todas las circunstancias que nos separan de Dios nos llevarán al dolor y al sufrimiento, y finalmente a la muerte eterna y a la separación de Dios. Por otro lado, Dios nos promete que tendremos vida eterna con Él para siempre y paz en la tierra si elegimos creer en Él y obedecer Sus mandamientos. Las escrituras están llenas de la verdad de Dios sobre la muerte y la vida. No necesita buscar en ninguna otra parte estas respuestas. Entregar su vida a Jesucristo, el que ya ha pagado el precio de su pecado, permite que el Espíritu de Dios nos dé el autocontrol necesario para tener éxito en este mundo. Recuerde, no es lo que deja de hacer, sino lo que comienza a hacer. Comience a confiar en Dios hoy. "'No quiero que mueras, dice el Señor Soberano. ¡Cambia de rumbo y vive!' (Ezequiel 18:32 NTV)

PRINCIPIO CUATRO
Triunfar a través de la resistencia:

[Atención]

En lo que nos centramos es en lo que hacemos mejor. Centrarse en nuestro pasado, por ejemplo, solo nos mantiene en el pasado. ¡Hoy, podemos enfocarnos en hoy y en nuestro futuro eterno en el cielo con un Dios que nos amará y protegerá para siempre! La buena noticia es que este viaje ya ha sido planeado y se nos ha prometido. Si creemos esto, debería cambiar la forma en que vemos la vida. Las cosas que solían consumir nuestra energía y tiempo y nos mantenían distraídos de una relación con Dios, viviendo así en el caos, ya no deberían ser nuestro enfoque. La misma dedicación y determinación que pasamos persiguiendo estas cosas ahora puede ser rediseñada de una mejor manera. Nuestras fortalezas, talentos y pasiones dados por Dios pueden darnos un nuevo sentido de dirección y propósito en la vida si se usan de la manera en que Dios los diseñó para nosotros. La paz y la alegría en esta vida que viene con consistencia y resistencia al confiar en Dios y sus verdades se puede lograr. Todo es cuestión de enfoque.

PRINCIPIO CINCO
Buscando una vida de piedad:

[Nuevo]

Dios nos creó con un propósito. Nacer de nuevo no es solo para nuestro propio beneficio. Dios tiene una misión para nosotros. Cuando se le preguntó cuál es el mandamiento más importante, Jesús respondió: "Ama al Señor tu Dios con todo tu corazón, con toda tu alma y con toda tu mente".

Este es el primer mandamiento y el más importante. Hay un segundo mandamiento que es igualmente importante: "Ama a tu prójimo como a ti mismo". Toda la ley y las exigencias de los profetas se basan en estos dos mandamientos. ". (Mateo 22: 37-40 NTV) La solución a estos mandamientos no es posible sin ser nuevo en Cristo: vivir el carácter de Dios en nuestras propias vidas. La fe es una acción. Lo que hacemos demuestra quiénes somos. Primero debemos cambiarnos por dentro, amando a Dios y luego por fuera compartiendo nuestra fe con todas las personas. Debemos vivir según diferentes estándares. Dios, no el mundo. Debemos transformarnos en algo completamente diferente y no seguir siendo quienes éramos. Entonces podemos ser la sal de la tierra, afectando todo lo que tenemos en contacto con nuestro propósito.

PRINCIPIO SEIS
Amarse unos a otros: una relación horizontal:

[Dar]

A menudo pensamos en "dar" como un regalo de dinero o un regalo literal (un regalo). Pero el verdadero regalo de dar es el regalo de ti mismo, lo más valioso que tienes, y creado perfectamente por Dios por esta misma razón. La forma en que elegimos entregarnos a Dios y a los demás son los dos mandamientos más importantes con los que alguna vez seremos desafiados. Debido a nuestra naturaleza pecaminosa, naturalmente pensamos en nosotros mismos primero. Se necesitará mucho esfuerzo y experiencia para hacerlo bien. Gracias a Dios que nos ha dado toda una vida para hacerlo. Cada día que Dios nos da es otra oportunidad para practicar nuestra fe de esta manera. Lo bueno es que, si estamos viviendo en la plenitud del espíritu de Dios y estamos creciendo en nuestro conocimiento de Él a diario, los muchos desafíos para rechazar nuestra naturaleza, apoyándonos en Dios, se convertirán en el foco de nuestros deseos.

Lo que debemos hacer o confiar

Lo que NO debemos hacer y NO confiar

AMANDO A OTROS
CÓMO AMAMOS A DIOS

HORA	COMPASIÓN	VIGILANTE	PROPÓSITO
planificar nuestros días en torno al tiempo que pasamos con otros	amar a los demás más que a ti mismo	prestando atención a quienes nos necesitan	¿Qué donesl especiales nos ha dado Dios?

HORIZONTAL
TODO LO QUE NECESITAMOS HACER ES MIRAR A NUESTRA IZQUIERDA Y NUESTRA DERECHA. ENCONTRAREMOS A DIOS EN MEDIO DE SU GENTE

DEMASIADO OCUPADO	EGOÍSMO	CIEGO AL MUNDO	EL TRABAJO DE ALGUIEN MÁS
un fracaso para planificar con **nuestro tiempo** es un plan para fallar con **nuestro tiempo**	cuando somos todo lo que importa, todos los demás sufren	viviendo en negación sobre el mundo que nos rodea	pensando que alguien más va a recoger nuestra holgura

¿Qué hay para nosotros?
AMARSE A SI MISMO

PRINCIPIO 7
Amar a Dios como nos ama
–Una relacion vertical

Estamos llamados a amar a Dios con toda ESCRITURA RELACIONADA: nuestra alma y toda nuestra mente.

Nuestro propio testimonio de redención y renovación del Espíritu es una prueba del amor de Dios por nosotros. Dios, el Padre, nos ama lo suficiente como para nunca dejarnos, para llevarnos y protegernos

Puede que no hayamos tenido un padre terrenal perfecto, pero sí tenemos un Padre celestial perfecto. Su deseo es que lo amemos, le demos el reconocimiento como creador de toda la vida y le confiemos nuestras vidas.

Como nos ha dado tanto, la muerte de su único hijo Jesucristo, para que podamos tener una relación con él, ¿cómo no podemos amarlo tanto?

"¡Oh, qué tan generoso y lleno de gracia fue el Señor! Me llenó de la fe y del amor que provienen de Cristo Jesús". (1 Timoteo 1:14 NVI)

"Miren con cuánto amor nos ama nuestro Padre que nos llama sus hijos, ¡y eso es lo que somos! Pero la gente de este mundo no reconoce que somos hijos de Dios, porque no lo conocen a él. ". (1 Juan 3: 1 NVI)

Un amor que nunca hemos conocido

"Cuando tenemos verdadera fe en alguien, confiamos en él con nuestra vida. Confiamos en que nunca nos dejarán, que siempre nos dirán la verdad y que se ocuparán de todas nuestras necesidades incluso antes de que sepamos que tenemos una. Respetamos quienes son y los amamos con todo nuestro corazón. Siempre nos son fieles, incluso cuando nosotros no lo somos ". El problema con estas declaraciones es que el "alguien" solo puede ser Dios. No hay un solo ser humano que pueda cumplir con esos estándares, ni tienen el poder para hacerlo. Solo nuestro Creador y el Dios del universo pueden lograr tales cosas.

La fe va más allá del amor, pero también es amor. El tipo de amor que perdura para siempre, se fortalece cada momento y, como nos dice el apóstol Pablo, el amor de Dios es, "No se comporta con rudeza, no es egoísta, no se enoja fácilmente, no guarda rencor." (1 Corintios 13: 5 NVI)Podemos pasar toda nuestra vida tratando de entender el amor de Dios y nunca lo comprenderemos. Está más allá de nuestro entendimiento. "Ahora vemos de manera indirecta y velada, como en un espejo; pero entonces veremos cara a cara. Ahora conozco de manera imperfecta, pero entonces conoceré tal y como soy conocido. ". (1 Corintios 13:12 NTV) "¿No has sabido, no has oído que el Dios eterno es Jehová, el cual creó los confines de la tierra? No desfallece, ni se fatiga con cansancio, y su entendimiento no hay quien lo alcance". (Isaías 40: 28 RV). Creo que Dios está tratando de mostrarnos su amor probando nuestra fe en él. Cada vez que confiamos en Él, Él nos revela su amor.

Las escrituras están llenas de historias donde hombres y mujeres, debido a su fe en Dios, revelaron el asombroso amor de Dios por ellos. El libro de Hebreos resume muchos de estos para nosotros en lo que se llama el "capítulo de la fe", Hebreos 11. El autor nos cuenta cómo, por fe, Abraham, cuando Dios lo probó, ofreció a Isaac, su único hijo como sacrificio. Abraham razonó que Dios incluso podría resucitar a los muertos y confió en la vida de su hijo en las manos de El Señor. Y como dicen las Escrituras, innumerables personas, "que por fe conquistaron reinos, hicieron justicia, alcanzaron promesas, taparon bocas de leones, apagaron fuegos impetuosos, evitaron filo de espada, sacaron fuerzas de debilidad, se hicieron fuertes en batallas, pusieron en fuga ejércitos extranjeros. Las mujeres recibieron sus muertos mediante resurrección; mas otros fueron atormentados, no aceptando el rescate, a fin de obtener mejor resurrección." Hebreos 11: 33-35 NVI)

Una relación

Todas estas personas tenían una cosa en común: tenían fe en el amor de Dios. Algunos se beneficiaron de ese amor instantáneo en otro momento, o después de que murieron y luego estuvieron en la presencia de El Señor. Todo porque creían en lo que Dios les dijo: cuán grande era su amor.

Dios creó las relaciones. Dios el Padre, Jesús, el hijo de Dios y el Espíritu Santo, fue la primera relación que conocemos, y desde la creación del hombre, Dios ha revelado su deseo de tener una con nosotros. Él no es un Dios que manipula y exige nuestro amor (repase el amor de Dios, 1 Corintios 13) y no quiere un amor superficial de nosotros a cambio. En su infinita grandeza como Dios del universo, Vio que era bueno rebajarse y descender a nosotros en la carne como Cristo para vivir entre nosotros. Y a través de Su Espíritu que ahora vive dentro de cada creyente, podemos tener una relación personal con Él. Él no solo está cerca de nosotros, ¡Él está en nosotros! ¿Qué otra evidencia necesitamos para entender que Dios desea una relación con nosotros? La mejor parte es que a través de su gracia y misericordia, porque no lo merecemos y nada puede cambiar eso, nos ha dado este regalo de amor gratis. Y todo lo que pide es que tengamos fe en Él; creer que Él es nuestro Padre / Creador; que su hijo murió por nuestros pecados y que Su Espíritu ahora vive dentro de nosotros; todo para que podamos tener una relación amorosa con Él y darle gloria al decirles a los demás que pueden recibir lo mismo. Qué sorprendente es que la condenación o la salvación es la diferencia entre estar separado de Dios por la eternidad o estar en una relación con Él por la eternidad.

Nuestro caminar con Dios

En el jardín, Dios literalmente caminó con Adán y Eva. Las escrituras dicen: "Y oyeron la voz de Jehová Dios que se paseaba en el huerto, al aire del día; y el hombre y su mujer se escondieron de la presencia de Jehová Dios entre los árboles del huerto." (Génesis 3: 8 NVI) Así que sabemos que Dios desea estar con nosotros. Hoy, gracias a Cristo, Dios vive dentro de los creyentes. Él está con nosotros donde quiera que vayamos. Esto debería hacernos pensar de manera diferente sobre cómo nos comportamos cada día.

Dios no quiere que seamos obedientes a Él porque le tenemos miedo. "En el amor no hay temor, sino que el perfecto amor echa fuera el temor; porque el temor lleva en sí castigo. De donde el que teme, no ha sido perfeccionado en el amor. "(1 Juan 4:18 NVI) El amor de Dios por nosotros es nutrir, proteger y amar. Él es nuestro padre perfecto como maestro / mentor, tutor y padre, para que podamos crecer fuertes y poder participar en su voluntad de caminar con él.

Nuestra relación con Dios no debe ser solo de oración, iglesia y servicio. Debemos comunicarnos con nuestro Padre como si fuera nuestro amigo y compañero de confianza. "Ya no los llamo esclavos, porque un maestro no confía en sus esclavos. Ahora ustedes son mis amigos, ya que les he contado todo lo que el Padre me contó". (Juan 15:15 NTV) Este es un versículo increíble porque Cristo envió al "Ayudante", el Espíritu Santo, para vivir dentro de todos los creyentes, por lo que nos ha revelado todas las cosas sobre el Padre, por lo tanto, somos siervos de Dios Y un amigo de Dios sabiendo que esto debería cambiar nuestra, relación con Dios no es que no le daríamos al Creador del universo la gloria que se merece, sino que podemos encontrarlo accesible con nuestros secretos más oscuros, nuestros mayores temores y nuestras luchas dolorosas. Él está con nosotros y ya sabe todas estas cosas. Su deseo es que los compartamos con él.

Palabra clave pare el principio 7:
[Fe]

-Completa confianza en alguien o algo. Confianza, creencia, convicción; fuerte creencia en Dios o en las doctrinas de una religión, basada en la aprehensión espiritual más que en la prueba.

Principio 7 estudio:

PREGUNTAS:

1. ¿Alguna vez has tenido un mejor amigo? ¿Alguien a quien recuerde en su vida que confió y compartió todo con él / ella? ¿Cuál fue uno de los mejores momentos que tuviste con esta persona? Explica cómo te sentiste con esa experiencia.

2. ¿Alguna vez hubo alguien en tu vida que supieras que puedes confiar con cualquier cosa que hayas compartido con ellos? ¿Cómo se sintió esa confianza?

_____
_____
_____
_____
_____
_____
_____
_____
_____
_____
_____
_____
_____
_____
_____
_____

3. Si pudieras elegir al amigo perfecto, enumera sus características (usa adjetivos). Luego describe a esta persona en la relación perfecta. ¿Qué podrías esperar de esta persona como ¿tu amigo?

1. _____
2. _____
3. _____
4. _____
5. _____
6. _____
7. _____

_____
_____
_____
_____
_____
_____
_____
_____
_____
_____
_____
_____
_____

4. Ahora haga una lista de las características de Dios (use adjetivos). Luego intenta imaginar y describir esta amistad perfecta con el creador del universo. Nada sería imposible.

1. _____
2. _____
3. _____
4. _____
5. _____
6. _____
7. _____

_____
_____
_____
_____
_____
_____
_____
_____
_____
_____
_____
_____
_____
_____

5. Ahora mire las cualidades de un amigo perfecto de la pregunta # 3 y vea cuántos de ellos son similares a las características de Dios de la pregunta # 4. ¿Qué tipo de limitaciones pusiste en este amigo humano perfecto que no tendrías con Dios?

_____
_____
_____
_____
_____
_____
_____
_____
_____
_____
_____
_____
_____
_____
_____

Principios en revisión:

PRINCIPIO UNO
Deseo de bondad:

[Confiar]

Jesús es quien dice ser y su muerte y resurrección lavaron nuestros pecados, permitiéndonos tener una relación con Dios. No es que hayamos hecho nada para ganarlo, sino que es un regalo gratuito de la gracia de Dios. Si creemos sinceramente con nuestros corazones en esta verdad y le pedimos a Jesús que venga a nuestra vida y le pidamos sinceramente su perdón por vivir una vida de pecado, viviremos por la eternidad con Él en un lugar que Él nos está preparando. Pues Dios amó tanto al mundo que dio a su único Hijo, para que todo el que crea en él no se pierda, sino que tenga vida eterna". (Juan 3:16 NTV)

PRINCIPIO DOS
Deseo de conocimiento y sabiduría:

[Verdad]

¿Estás adquiriendo una nueva comprensión de cómo cambiar el camino de tu vida? ¿Sabes lo que Dios está tratando de enseñarte sobre esto? Si has dicho que sí al Principio Uno, tienes una nueva vida, has renacido, apartado y eres un extranjero en este mundo y ahora un ciudadano del cielo. ¿Estás leyendo la Biblia, aprendiendo sobre la verdad de Dios y su reino (el cielo)? ¿Te estás rodeando de otros como tú? ¿Te estás protegiendo de las malas decisiones y solo estás confiando en la verdad de Dios y no en lo que el mundo te dice? RECUERDA, ESTAMOS EN ESTE MUNDO NO DE ESTE MUNDO. "'En cambio, nosotros somos ciudadanos del cielo, de donde anhelamos recibir al Salvador, el Señor Jesucristo". (Filipenses 3:20 NVI) "'Por lo tanto, ustedes ya no son extraños ni extranjeros, sino conciudadanos de los santos y miembros de la familia de Dios". (Efesios 2:19 NVI) "'Pues ustedes han nacido de nuevo, no de simiente perecedera, sino de simiente imperecedera, mediante la palabra de Dios que vive y permanece". (1 Pedro 1:23 NTV)

PRINCIPIO TRES
Buscando autocontrol e integridad:

[Giro]

Tenemos una opción en la vida. Para seguir viviendo como nosotros o para buscar una nueva forma. Elegir una vida de vergüenza y culpa y todas las circunstancias que nos separan de Dios nos llevarán al dolor y al sufrimiento, y finalmente a la muerte eterna y a la separación de Dios. Por otro lado, Dios nos promete que tendremos vida eterna con Él para siempre y paz en la tierra si elegimos creer en Él y obedecer

Sus mandamientos. Las escrituras están llenas de la verdad de Dios sobre la muerte y la vida. No necesita buscar en ninguna otra parte estas respuestas. Entregar su vida a Jesucristo, el que ya ha pagado el precio de su pecado, permite que el Espíritu de Dios nos dé el autocontrol necesario para tener éxito en este mundo. Recuerde, no es lo que deja de hacer, sino lo que comienza a hacer. Comience a confiar en Dios hoy. "'No quiero que mueras, dice el Señor Soberano. ¡Cambia de rumbo y vive!' (Ezequiel 18:32 NTV)

PRINCIPIO CUATRO
Tener éxito a través de la resistencia:

[Atención]

En lo que nos centramos es en lo que hacemos mejor. Centrarse en nuestro pasado, por ejemplo, solo nos mantiene en el pasado. ¡Hoy, podemos enfocarnos en hoy y en nuestro futuro eterno en el cielo con un Dios que nos amará y protegerá para siempre! La buena noticia es que este viaje ya ha sido planeado y se nos ha prometido. Si creemos esto, debería cambiar la forma en que vemos la vida. Las cosas que solían consumir nuestra energía y tiempo y nos mantenían distraídos de una relación con Dios, viviendo así en el caos, ya no deberían ser nuestro enfoque. La misma dedicación y determinación que pasamos persiguiendo estas cosas ahora puede ser rediseñada de una mejor manera. Nuestras fortalezas, talentos y pasiones dados por Dios pueden darnos un nuevo sentido de dirección y propósito en la vida si se usan de la manera en que Dios los diseñó para nosotros. La paz y la alegría en esta vida que viene con consistencia y resistencia al confiar en Dios y sus verdades se puede lograr. Todo es cuestión de enfoque.

PRINCIPIO CINCO
Buscando una vida de piedad:

[Nuevo]

Dios nos creó con un propósito. Nacer de nuevo no es solo para nuestro propio beneficio. Dios tiene una misión para nosotros. Cuando se le preguntó cuál es el mandamiento más importante, Jesús respondió: "Ama al Señor tu Dios con todo tu corazón, con toda tu alma y con toda tu mente". Este es el primer mandamiento y el más importante. Hay un segundo mandamiento que es igualmente importante: "Ama a tu prójimo como a ti mismo". Toda la ley y las exigencias de los profetas se basan en estos dos mandamientos. ". (Mateo 22: 37-40 NTV) La solución a estos mandamientos no es posible sin ser nuevo en Cristo: vivir el carácter de Dios en nuestras propias vidas. La fe es una acción. Lo que hacemos demuestra quiénes somos. Primero debemos cambiarnos por dentro, amando a Dios y luego por fuera compartiendo nuestra fe con todas las personas. Debemos vivir según diferentes estándares. Dios, no el mundo. Debemos transformarnos en algo completamente diferente y no seguir siendo quienes éramos. Entonces podemos ser la sal de la tierra, afectando todo lo que tenemos en contacto con nuestro propósito.

PRINCIPIO SEIS
Amarnos unos a otros: una relación horizontal:

[Dar]

A menudo pensamos en "dar" como un regalo de dinero o un regalo literal (un regalo). Pero el verdadero regalo de dar es el regalo de ti mismo, lo más valioso que tienes, y creado perfectamente por Dios por esta misma razón. La forma en que elegimos entregarnos a Dios y a los demás son los dos mandamientos más importantes con los que alguna vez seremos desafiados. Debido a nuestra naturaleza pecaminosa, naturalmente pensamos en nosotros mismos primero. Se necesitará mucho esfuerzo y experiencia para hacerlo bien. Gracias a Dios que nos ha dado toda una vida para hacerlo. Cada día que Dios nos da es otra oportunidad para practicar nuestra fe de esta manera. Lo bueno es que, si estamos viviendo en la plenitud del espíritu de Dios y estamos creciendo en nuestro conocimiento de Él a diario, los muchos desafíos para rechazar nuestra naturaleza, apoyándonos en Dios, se convertirán en el foco de nuestros deseos.

PRINCIPIO SIETE
Amar a Dios como nos ama: una relación vertical:

[Fe]

Una de las percepciones erróneas más grandes que las personas tienen al pensar en una relación con Dios es que solo debe ser reverente con un sentimiento de respeto profundo y solemne. O peor, que debemos vivir con miedo de su poder para destruirnos. Estas cosas en sí mismas son ciertas, pero este no es el Dios de la Biblia. Las características bíblicas de Dios son acerca de su amor inagotable por nosotros y su deseo de compartir una relación personal con cada uno de nosotros. Y no, esto no significa que debamos hacerlo solo sobre nosotros (Ver Principio Seis). Estamos hablando del Creador de todas las cosas, merece nuestra alabanza y adoración. Cuando vivimos en completa armonía con Dios, una relación perfecta con Él, estamos viviendo en la paz y la alegría que conlleva saber que esta relación nos deja sin miedo a superar cualquier cosa en esta vida que enfrentaremos, porque Dios está con nosotros y Él es todopoderoso. Nuestro enfoque está en Su Reino en la tierra y nuestra enternidad con Él para siempre en el Cielo.

AMA A DIOS
PORQUE MERECE LA GLORIA

HORA	HONESTIDAD	AUDAZ	PROPÓSITO
planificar nuestros días en torno al tiempo que pasamos con Dios	¿Estamos siendo abiertos a Dios sobre todo en nuestra vida?	saber que Dios está con nosotros debería hacernos valientes	¿Qué quiere Dios que hagamos por los demás hoy?

VERTICAL
¿ESTAMOS SOLA HABLANDO CON DIOS? ¿O ESTAMOS ESFORZANDONOS POR UNA RELACIÓN CON ÉL? LA DIFERENCIA ES SOBRE SER

NUESTRAS NECESIDADES	NUESTROS DESEOS	NUESTRO DOLOR	NUESTRAS EXPECTATIVAS
no podemos ser felices a menos que tengamos las cosas que nos harán felices	deberíamos poder tener las cosas que todos los demás tienen	No hay excusa de por qué estamos viviendo con dolor. ¿Donde esta Dios?	las cosas deben hacerse de la manera que lo hubiéramos hecho

DIOS NOS SIRVE
SU DESEO ES HACERNOS FELICES

Referencias

(NVI)   Nueva versión internacional
LA SANTA BIBLIA, NUEVA VERSIÓN INTERNACIONAL®, NVI
Copyright © 1973, 1978, 1984, 2011 por Biblica, Inc.® Usado por permiso.
Todos los derechos reservados en todo el mundo.

(NTV)   Nueva Traducción Viviente
Santa Biblia, Nueva Traducción Viviente NTV copyright © 1996, 2004,
2007, 2013 por la Fundación Tyndale House. Usado con permiso de
Tyndale House Publishers Inc., Carol Stream, Illinois 60188. Todos los
derechos reservados.

Un resumen de la doctrina "Morir a sí mismo" por el Dr. D. W. Ekstrand, Copyright ©
2012 Donald W Ekstrand, Tempe, AZ

Tyndale, Tyndale House Publishers, Estudio de aplicación de vida Biblia, © 2016
Tyndale House Publishers

2 Tesalonicenses 3: 1-3 comentarios NLT, Tyndale House Editores, Life Application
Study Bible) © 2016 Tyndale House Editores

Tomado de The NVI Life Application Study Bible, Zondervan Editores) Scripture
quotations marked (NIV) are taken from the Holy BLas citas bíblicas marcadas
(NVI) se toman de La Santa Biblia, Nueva Versión Internacional®, NIV®. Copyright
© 1973, 1978, 1984, 2011 por Biblica, Inc.TM

Los "Archivos Expositivos", Pastor Warren E. Berkley

Hechos 17: 11.com
Oswald Chambers, "Mi máximo para el más alto" © 2016 My Máximo para su más
alto
Wikipedia®

Autor y pastor, Rick Warren, "The Purpose Driven Life", The Propósito Driven Life,
Copyright © 2002, 2011, 2012 por Rick Warren

Contacto y recursos:

Este libro de trabajo lo ayudará a comprender y explorar el camino hacia la recuperación con un enfoque único centrado en Cristo. Solo, es una alternativa poderosa a la literatura de doce pasos. Cuando se combina con un maestro de recuperación de compañeros perdidos y encontrados, viajando juntos a través de los principios alineados con las Escrituras, se pueden lograr las mejores prácticas de aplicación. Agregue a eso un entorno consistente donde otros también están involucrados, usted tiene experiencia, conocimiento y apoyo para acompañar su recuperación centrada en Cristo.

Para ponerse en contacto con un maestro de recuperación de compañeros de objetos perdidos o conectarse con los acontecimientos de este grupo a través de las redes sociales, consulte la información de contacto a continuación:

 lostandfoundrecovery.org

Compra el libro de trabajo:

Para ordenar libros, compre en línea en:
lostandfoundrecovery.org

Hablando / Eventos:

Para reservar a Bruce Stanley para un evento o un discurso, por favor envíele un correo electrónico a:
recoveryinchristnow@gmail.com

Para hacer una donación, visite:

recoveryinchristnow.com/donate.com Lost & Found Recovery in Christ es una organización sin fines de lucro, organización exenta de impuestos 501 (c) (3). Todos los regalos son deducible de impuestos.

Dios ofrece consuelo a todos

"Toda la alabanza sea para
Dios, el Padre de nuestro
Señor Jesucristo. Dios es
nuestro Padre misericordioso y
la fuente de todo consuelo.
[4]Él nos consuela en todas
nuestras dificultades para que
nosotros podamos consolar a
otros. Cuando otros pasen por
dificultades, podremos
ofrecerles el mismo consuelo
que Dios nos ha dado a
nosotros." (2 Corintios 1:3-4 NTV)

Solo Cristo puede darnos paz

"La paz os dejo, mi paz os doy;
yo no os la doy como el mundo
la da. No se turbe vuestro
corazón, ni tenga miedo."
-John 14:27 (NVI)